LA ESTRATEGIA DE Satanás

Libros de Warren W. Wiersbe publicados por Editorial Portavoz

Cuando la vida se derrumba
La estrategia de Satanás
Las piedras en tu camino te llevan a tu destino
Llamados a ser líderes de Dios
Llamados a ser siervos de Dios

LA ESTRATEGIA DE Satanás

Cómo conocerla y vencerla

Warren W. Wiersbe

EDITORIAL
PORTAVOZ

La misión de *Editorial Portavoz* consiste en proporcionar productos de calidad —con integridad y excelencia—, desde una perspectiva bíblica y confiable, que animen a las personas a conocer y servir a Jesucristo.

Título del original: *The Strategy of Satan*, © 1979 por Warren W. Wiersbe y publicado por Tyndale House Publishers, Inc. 351 Executive Drive, Carol Stream, IL 60188.

Traducción: Daniel Menezo

EDITORIAL PORTAVOZ
2450 Oak Industrial Dr. NE
Grand Rapids, Michigan 49505 USA

Visítenos en: www.portavoz.com

ISBN 978-0-8254-5817-0

3 4 5 6 7 edición / año 32 31 30 29 28 27 26 25

Impreso en los Estados Unidos de América
Printed in the United States of America

En memoria de

PETER DEYNEKA, Sr.

ÍNDICE

Introducción *9*

Capítulo uno El engañador *15*

1. El objetivo de Satanás: su mente *16*
2. El arma de Satanás: las mentiras *19*
3. El propósito de Satanás: que usted ignore la voluntad de Dios *25*
4. Su defensa: la Palabra inspirada de Dios *28*

Capítulo dos El destructor *39*

1. El objetivo de Satanás: su cuerpo *40*
2. El arma de Satanás: el sufrimiento *45*
3. El propósito de Satanás: hacer que a usted le impaciente la voluntad de Dios *49*
4. Su defensa: la gracia impartida de Dios *53*

Capítulo tres El dictador *61*

1. El objetivo de Satanás: su voluntad *63*
2. El arma de Satanás: el orgullo *66*

3. El propósito de Satanás: hacerle independiente de la voluntad de Dios *69*
4. Su defensa: el Espíritu de Dios que mora en usted *73*

Capítulo cuatro El acusador *83*
1. El objetivo de Satanás: su corazón y su conciencia *85*
2. El arma de Satanás: la acusación *86*
3. El propósito de Satanás: provocar una condena por la voluntad de Dios *88*
4. Su defensa: el Hijo de Dios, el intercesor *90*

Capítulo cinco Vivamos por la fe en Dios *97*

Capítulo seis ¡No deje que Satanás meta el pie en la puerta! *107*

Capítulo siete Cuando Satanás va a la iglesia *117*

Capítulo ocho El equipo para la guerra *127*

Capítulo nueve El ejército de Satanás *141*

Capítulo diez Satanás y el hogar *149*

INTRODUCCIÓN

De qué trata este libro y cómo debería utilizarse

Este libro habla de Satanás, y de la estrategia que él utiliza para arruinar la vida cristiana que usted tenga y, si es posible, destruirle.

En el Antiguo Testamento encontramos a cuatro personas que tuvieron un enfrentamiento directo con Satanás. A partir de sus experiencias, aprendemos cosas como:

> *los* objetivos *de su vida a los que apunta Satanás;*
> *las* armas *que utiliza para atacarle;*
> *los* propósitos *que aspira a conseguir, y*
> *las* defensas *que Dios pone en manos del cristiano.*

Le invito a que por favor recuerde que este libro constituye un manual bélico para el soldado cristiano. No es una lectura devocional para el cristiano que se ha "ausentado sin permiso" de las filas. Es una guía tremendamente seria para el cristiano comprometido, que se ve inmerso en el campo de batalla y quiere aprender cómo salir victorioso.

Le ruego que no lea estas páginas a toda velocidad. Léalas cuidadosamente, sobre todo las muchas citas extraídas de la Palabra de Dios. Pídale al Espíritu Santo que le ayude a comprender y asimilar esas verdades. En estos capítulos no encontrará "paja". Estos estudios representan las verdades esenciales, los fundamentos sólidos como la roca, de lo que Dios me ha enseñado acerca de la batalla en que se haya inmerso el cristiano, después de haber pasado muchos años de estudio y combate. He puesto en práctica estas verdades en mi propia vida y en mi ministerio.

No cabe ninguna duda de que Satanás hará todo lo que pueda para impedir que usted se beneficie de este libro. Le distraerá, le hará perderse en caminos secundarios. Intentará confundirle, o quizá hacer que usted critique lo que lee. Se las arreglará para interrumpir su lectura. Le sugiero que pida ayuda y protección al Señor mientras estudie estas páginas. "Mayor es el que está en vosotros, que el que está en el mundo" (1 Jn. 4:4). Desde un punto de vista posicional, usted está en Cristo, y está libre del poder de Satanás.

> *. . . el cual nos ha librado de la potestad de las tinieblas, y trasladado al reino de su amado Hijo.*
> Col. 1:13

Mi objetivo en este libro es el de ayudarle a experimentar esta victoria de una forma *práctica.*

Las verdades contenidas en estas páginas no le servirán de nada si no las pone por obra. Satanás disfruta viendo a los cristianos cargándose de todo tipo de conocimientos intelectuales sobre la victoria, sin que éstos redunden en sus corazones, porque esto crea en los creyentes una falsa sensación de seguridad, lo cual los convierte en presa fácil de Satanás. Lo que le proporcionará bendición no es *leer* estas verdades, ni siquiera *disfrutarlas.* Lo que supondrá una bendición en su vida es *practicar* esas verdades. Por consiguiente, con la ayuda del Espíritu, determine poner por obra tales cosas.

Recuerde: no está luchando *por* la victoria, sino *desde* ella, ¡porque Jesucristo ya ha derrotado a Satanás!

> *. . . y despojando a los principados y a las potestades* [poderes satánicos], *los exhibió públicamente, triunfando sobre ellos en la cruz* [por medio de Cristo]. Col. 2:15

> *Ahora es el juicio de este mundo; ahora el príncipe de este mundo será echado fuera.* Jn. 12:31

> *Y ellos le han vencido [a Satanás] por medio de la sangre del Cordero y de la palabra del testimonio de ellos, y menospreciaron sus vidas hasta la muerte.* Ap. 12:11

Y ahora, ¡por la victoria!

El engañador

CAPÍTULO UNO

EL ENGAÑADOR

El ha sido homicida desde el principio, y no ha permanecido en la verdad, porque no hay verdad en él. Cuando habla mentira, de suyo habla; porque es mentiroso, y padre de mentira. Jn. 8:44

Y fue lanzado fuera el gran dragón, la serpiente antigua, que se llama diablo y Satanás, el cual engaña al mundo entero. Ap. 12:9

Pero temo que como la serpiente con su astucia engañó a Eva, vuestros sentidos sean de alguna manera extraviados de la sincera fidelidad a Cristo. 2 Co. 11:3

Porque muchos engañadores han salido por el mundo. 2 Jn. 7

Pero la serpiente era astuta, más que todos los animales del campo que Jehová Dios había hecho; la cual dijo a la mujer: ¿Conque Dios os ha dicho: No comáis de todo árbol del huerto?

> *Y la mujer respondió a la serpiente: Del fruto de los árboles del huerto podemos comer; pero del fruto del árbol que está en medio del huerto dijo Dios: No comeréis de él, ni le tocaréis, para que no muráis.*
> *Entonces la serpiente dijo a la mujer: No moriréis; sino que sabe Dios que el día que comáis de él, serán abiertos vuestros ojos, y seréis como Dios, sabiendo el bien y el mal.*
> *Y vio la mujer que el árbol era bueno para comer, y que era agradable a los ojos, y árbol codiciable para alcanzar la sabiduría; y tomó de su fruto, y comió; y dio también a su marido, el cual comió así como ella.*
>
> *Entonces fueron abiertos los ojos de ambos, y conocieron que estaban desnudos; entonces cosieron hojas de higuera, y se hicieron delantales.* Gn. 3:1-7

1. El objetivo de Satanás: su mente

Cuando Satanás quiso conducir al primer hombre y a la primera mujer al pecado, comenzó atacando la mente de la mujer. Esto queda claro en 2 Corintios 11:3.

> *Pero temo que como la serpiente con su astucia engañó a Eva, vuestros sentidos sean de alguna manera extraviados de la sincera fidelidad a Cristo*

¿Por qué le interesa a Satanás atacar su mente? Porque la mente que usted tiene es la parte de la imagen de Dios mediante la cual Él se comunica con usted, revelándole su voluntad. Es lamentable que algunos cristianos le hayan restado importancia al papel de la mente, porque la Biblia destaca su importancia.

> *No mintáis los unos a los otros, habiéndoos despojado del viejo hombre con sus hechos, y revestido del nuevo, el cual conforme a la imagen del que lo creó se va renovando hasta el conocimiento pleno.* Col. 3:9-10

> *Esto, pues, digo y requiero en el Señor: que ya no andéis como los otros gentiles, que andan en la vanidad de su mente, teniendo el entendimiento entenebrecido, ajenos de la vida de Dios por la ignorancia que en ellos hay, por la dureza de su corazón; los cuales, después que perdieron toda sensibilidad, se entregaron a la lascivia para cometer con avidez toda clase de impureza. Mas vosotros no habéis aprendido así a Cristo, si en verdad le habéis oído, y habéis sido por él enseñados, conforme a la verdad que está en Jesús. En cuanto a la pasada manera de vivir, despojaos del viejo hombre, que está viciado conforme a los deseos engañosos, y renovaos en el espíritu de vuestra mente, y vestíos del nuevo hombre, creado según Dios en la justicia y santidad de la verdad.* Ef. 4:17-24

> *No os conforméis a este siglo, sino transformaos por medio de la renovación de vuestro entendimiento, para que comprobéis cuál sea la buena voluntad de Dios, agradable y perfecta.* Ro. 12:2

Dios renueva nuestra vida mediante la renovación de nuestra mente, que a su vez renueva mediante su verdad. Esa verdad es la Palabra de Dios.

> *Santifícalos en la verdad; tu palabra es verdad.* Jn. 17:17

Si Satanás consigue que usted crea una mentira, podrá comenzar a trabajar en su vida para conducirle al pecado. Es por eso por lo que ataca a la mente, y por eso debemos proteger nuestra mente de los ataques del maligno.

> *Por lo demás, hermanos, todo lo que es verdadero, todo lo honesto, todo lo que justo, todo lo puro, todo lo amable, todo lo que es de buen nombre; si hay virtud alguna, si algo digno de alabanza, en esto pensad.* Fil. 4:8

"Si no es cierto", advierte Pablo, "no dejéis que penetre en vuestras mentes".

En los últimos años, la ciencia ha descubierto muchas cosas fascinantes acerca de la mente humana. Del mismo modo que lo hace un ordenador, la mente del hombre puede almacenar datos e impresiones (e incluso emociones), y recordarlos años más tarde. Su mente es capaz de retrotraerse al pasado mediante la memoria, o proyectarse al futuro mediante la imaginación. Sus pensamientos afectan a sus sentimientos y a su voluntad.

> *Porque cual es su pensamiento en su corazón, tal es él.* Pr. 23:7

El médico dice: "Usted es lo que come". El psicólogo dice: "Usted es lo que piensa". Satanás conoce el tremendo poder de su mente, e intenta capturarla para sí mismo.

> *Tú guardarás en completa paz a aquel cuyo pensamiento en ti persevera; porque en ti ha confiado.* Is. 26:3

> *Porque el ocuparse de la carne es muerte, pero el ocuparse del Espíritu es vida y paz.* Ro. 8:6

Su mente afecta a todo su ser. Aunque no estoy totalmente de acuerdo con la "psicología del éxito", ni con la "sanadora", tan propias de nuestros tiempos, debo admitir que las actitudes son importantes para conservar la salud y tener éxito en esta vida. El excitante nuevo campo de la "medicina holística" se basa en las influencias de la mente para ayudar al paciente a curarse a sí mismo. Los gerentes de ventas "cargan las pilas" psicológicas de sus empleados con pensamientos de promoción y éxito, igual que hacen los entrenadores de los equipos de fútbol. Aunque lo cierto es que el mero pensamiento no garantiza alcanzar los objetivos, ¡ayuda en el proceso!

2. El arma de Satanás: las mentiras

Satanás se acercó a Eva como la serpiente, el sutil engañador.

> *. . . la serpiente antigua, que se llama diablo y Satanás, el cual engaña al mundo entero.* Ap. 12:9

. . . porque no hay verdad en él . . . porque es mentiroso, y padre de mentira. Jn. 8:44

Es importante que se dé usted cuenta de los pasos que dio Satanás para convencer a Eva de que se creyera su mentira.

[1] *Cuestionó la Palabra de Dios.* "Así que Dios os ha dicho . . ." No negó que Dios les había hablado; se limitó a cuestionar si Dios había dicho realmente lo que Eva pensaba que había dicho. La sugerencia de Satanás era: "A lo mejor habéis malentendido lo que ha dicho Dios. Tenéis derecho a volver a pensar en lo que dijo". Vale la pena darse cuenta de que, mediante esta sugerencia, Satanás está también poniendo en tela de juicio la bondad de Dios. "Si Dios os amara de verdad, no os privaría de nada". Esta fue la misma técnica que intentó con el Señor cuando estaba en el desierto: "Si eres el Hijo amado de Dios, ¿cómo es que tienes tanta hambre?"

[2] *Negó la Palabra de Dios.* "¡No moriréis!" Hay solo un pequeño paso entre cuestionar la Palabra de Dios y negarla. Por supuesto, ni Adán ni Eva sabían por experiencia lo que era la muerte. Lo único a que podían aferrarse era la Palabra de Dios, *pero eso era todo lo que necesitaban.* Si Eva no hubiera escuchado a Satanás cuestionando la Palabra de Dios, jamás habría caído en la trampa, cuando éste dio el siguiente paso: negarla.

[3] *Proporcionó una mentira sustituta.* "¡Seréis como Dios!" Adán y Eva ya habían sido creados a imagen de Dios, pero Satanás les tentó con un privilegio aún mayor: ¡ser iguales a Dios! Esta fue, por supuesto, la gran ambición de Satanás cuando aún era Lucifer, el siervo angélico de Dios.

¡Cómo caíste del cielo, oh Lucero, hijo de la mañana! Cortado fuiste por tierra, tú que debilitabas a

> *las naciones. Tú que decías en tu corazón: Subiré al cielo; en lo alto, junto a las estrellas de Dios, levantaré mi trono, y en el monte del testimonio me sentaré, a los lados del norte; sobre las alturas de las nubes subiré, y seré semejante al Altísimo.* Is. 14:12-14

Satanás es un ser creado, una criatura, pero quería ser adorado y servido como el Creador. Fue esta actitud la que le llevó a rebelarse contra Dios e intentar establecer su propio reino. "Seréis como Dios" es la mentira gigantesca que ha controlado a la humanidad desde la caída del hombre.

> *. . . ya que cambiaron la verdad de Dios por la mentira, honrando y dando culto a las criaturas antes que al Creador, el cual es bendito por los siglos. Amén.* Ro. 1:25

Satanás anhela adoración y servicio, ¡y Jesucristo no le iba a conceder una cosa ni otra!

> *Otra vez le llevó el diablo a un monte muy alto, y le mostró todos los reinos del mundo y la gloria de ellos, y le dijo: Todo esto te daré, si postrado me adorares. Entonces Jesús le dijo: Vete, Satanás, porque escrito está: Al Señor tu Dios adorarás, y a él solo servirás.* Mt. 4:8-10

La mentira de Satanás: "seréis como Dios", motiva y controla buena parte de nuestra civilización actual. El hombre está intentando elevarse, aunque sea tirándose de los cordones de los zapatos. Intenta construir una utopía en este mundo, trasladándola quizá al espacio exterior. Por medio de la educación, la psiquiatría, las religiones de uno u otro tipo (la mayoría de las cuales ignoran a Jesucristo, el pecado y la salvación), por medio de un mejor entorno natural, el hombre desafía a Dios y a sí mismo. Está siguiéndole el juego a Satanás.

¿Cómo respondió Eva a la sugerencia de Satanás? Lo hizo cometiendo tres errores que la llevaron a pecar.

[1] *Se apartó de la Palabra de Dios.* En el versículo 2, Eva omitió la expresión "de todo". Lo que Dios había dicho, en Génesis 2:16, fue: "De *todo* árbol del huerto podrás comer". Parece ser que a Eva le iba atrayendo la sugerencia de Satanás, la que decía que Dios les estaba negando ciertas cosas. Cuando comenzamos a cuestionar u olvidar la gracia de Dios, y su bondad, nos resultará mucho más sencillo desobedecer su voluntad.

[2] *Añadió algo a la Palabra de Dios.* En el mandamiento original de Dios no encontramos la expresión "ni le tocaréis". Puede que sí que las pronunciara, pero desde luego no están registradas en el texto. Eva no solo redujo la *gracia* contenida en las palabras de Dios, omitiendo el "de todo", sino que convirtió el mandamiento en algo más *insoportable* añadiéndole el "ni le tocaréis". "Y sus mandamientos no son gravosos" (1 Jn.. 5:3). Satanás quiere convencernos de que sí lo son, y que él tiene algo mejor que ofrecernos.

[3] *Cambió la Palabra de Dios.* Dios no había dicho "para que no muráis". Dijo: "porque el día que de él comieres, ciertamente morirás" (Gn. 2:17). El castigo por la desobediencia, tal y como lo presentó el enemigo, no parecía tan severo; por consiguiente, Eva podía considerar la posibilidad de desobedecer a la voluntad de Dios, obedeciendo a la de Satanás.

Una vez hemos tratado de este modo la Palabra de Dios,

estamos abiertos de par en par para que el enemigo lleve a cabo su última jugarreta. Se limitó a permitir que Eva pensara en aquel árbol *aparte de la Palabra de Dios.* "¡Échale un buen vistazo! ¡Aprécialo como es realmente!" Era "bueno para comer . . . agradable a los ojos . . . codiciable para alcanzar la sabiduría" (Gn. 3:6). Eva tenía que tomar una decisión: ¿la Palabra de Dios o la palabra de Satanás? Rechazó la Palabra divina, creyó a Satanás y pecó. Usted y yo hemos estado padeciendo toda la vida las consecuencias de ese pecado, igual que el resto de la raza humana.

Dios cumple sus propósitos para este mundo por medio de la *verdad*, y Satanás los suyos por medio de las *mentiras*. Cuando el hijo de Dios cree la verdad divina, el Espíritu de Dios puede obrar con poder; porque el Espíritu Santo es "el Espíritu de verdad" (Jn. 16:13). Pero cuando una persona se cree una mentira, Satanás comienza a trabajar en esa vida, "porque es mentiroso, y padre de mentira" (Jn. 8:44). La fe en la verdad divina conduce a la victoria; la fe puesta en las mentiras de Satanás nos lleva a la derrota.

Sin embargo, Satanás nunca dirá a nadie: "¡Esto es mentira!" Él es la serpiente, el engañador, y siempre disfraza sus mentiras como si fueran verdades de Dios.

> *Porque éstos son falsos apóstoles, obreros fraudulentos, que se disfrazan como apóstoles de Cristo. Y no es maravilla, porque el mismo Satanás de disfraza como ángel de luz.* 2 Co. 11:13-14

Satanás no se acercó a Eva manifestando su verdadera naturaleza, sino que se disfrazó usando a la serpiente. Satanás es un falsificador, un imitador.

Y también existen *cristianos falsificadores.*

> *. . . peligros entre falsos hermanos . . .* 2 Co. 11:26

> *la buena semilla son los hijos del reino, y la cizaña son los hijos del malo.* Mt. 13:38

> *Vosotros sois de* vuestro padre *el diablo.* Jn. 8:44

También existen *imitaciones del evangelio.*

> *Mas si aun nosotros, o un ángel del cielo, os anunciare otro evangelio diferente del que os hemos anunciado, sea anatema.* Gá. 1:8

Hay *falsos ministros del evangelio*:

> *. . . porque el mismo Satanás se disfraza como ángel de luz. Así que, no es extraño si también sus ministros se disfrazan como ministros de justicia.* 2 Co. 11: 14, 15

Existe una *imitación de la justicia.*

> *Porque ignorando la justicia de Dios, y procurando establecer la suya propia, no se han sujetado a la justicia de Dios.* Ro. 10:3

Incluso existe una falsa "*iglesia de Satanás*".

> *Yo conozco tus obras, y tu tribulación, y tu pobreza (pero tú eres rico), y la blasfemia de los que se*

> *dicen ser judíos* [es decir, pueblo de Dios], *y no lo son, sino sinagoga de Satanás.* Ap. 2:9

Y esta iglesia falsa tiene sus *doctrinas falsificadas.*

> *Pero el Espíritu dice claramente que en los postreros tiempos algunos apostatarán de la fe, escuchando a espíritus engañadores y a doctrinas de demonios.* 1 Ti. 4:1

Todo esto acabará, por supuesto, cuando entre en escena *un imitador de Cristo*, el anticristo, que acaparará para Satanás la adoración y servicio de todo el mundo.

> *Y entonces se manifestará aquel inicuo . . . cuyo advenimiento es por obra de Satanás, con gran poder y señales y prodigios mentirosos, y con todo engaño de iniquidad para los que se pierden.* 2 Ts. 2:8-10

> *Y la adoraron* [a la bestia, el anticristo] *todos los moradores de la tierra.* Ap. 13:8

El objetivo de Satanás es su mente, y su arma son las mentiras. ¿Cuál es su propósito?

3. El propósito de Satanás: que usted ignore la voluntad de Dios

Satanás ataca la Palabra de Dios porque ésta manifiesta la voluntad divina.

Lámpara es a mis pies tu palabra, y lumbrera a mi camino. Sal. 119:105

El hacer tu voluntad, Dios mío, me ha agradado, y tu ley está en medio de mi corazón. Sal. 40:8

Alejados de la Palabra de Dios, no podemos comprender bien su voluntad. Y la voluntad divina es la expresión de su amor hacia nosotros.

El consejo de Jehová permanecerá para siempre; los pensamientos de su corazón por todas las generaciones. Sal. 33:11

La voluntad de Dios nace de su propio corazón. No se trata de algo impersonal, sino de algo que para el Señor es muy personal. Él tiene una comprensión personal de cada uno de sus hijos e hijas, de su naturaleza, sus nombres, sus actos, en función de la cual obra sus planes en ellos.

Dios desea que *conozcamos* su voluntad.

El Dios de nuestros padres te ha escogido para que conozcas su voluntad. Hch. 22:14

Dios también desea que *comprendamos* su voluntad.

Por tanto, no seáis insensatos, sino entendidos de cuál sea la voluntad del Señor. Ef. 5:17

Quiere que esa comprensión de su voluntad *nos llene y nos dirija.*

No cesamos de orar por vosotros, y de pedir que seáis llenos del conocimiento de su voluntad en toda sabiduría e inteligencia espiritual. Col. 1:9

El resultado de todo esto es que los creyentes viven

de corazón haciendo la voluntad de Dios. Ef. 6:6

La voluntad de Dios no es una obligación, sino una delicia. El cristiano se goza en descubrir la voluntad de Dios, obedeciéndola luego de todo corazón. La voluntad de Dios es lo que le nutre.

Mi comida es que haga la voluntad del que me envió, y que acabe su obra. Jn. 4:34

Usted y yo debemos orar (como hizo Epafras) para que estemos

firmes, perfectos y completos en todo lo que Dios quiere. Col. 4:12

Si Satanás consigue que usted no conozca la voluntad de Dios, le arrebatará todas las gloriosas bendiciones que Dios ha preparado para su vida. Tomará decisiones equivocadas, se verá inmerso en actividades pecaminosas, y llevará un tipo de vida erróneo. Y, por triste que sea decirlo, *¡influirá a otros para que también practiquen lo malo!* A lo largo de mi ministerio de la Palabra en muchos lugares, he visto las trágicas consecuencias de vivir fuera de la voluntad de Dios.

Los cristianos ignorantes de la voluntad divina se perderán disfrutar la paz y el poder de Dios. No crecerán hasta su máxima potencialidad, ni podrán conseguir lo que Dios ha planeado para ellos. En lugar de viajar en primera clase, acaban en segunda o tercera, quejándose durante todo el viaje. Viven como mendigos, porque se han aislado de la gran riqueza de Dios. Y ver pasar sus vidas (peor aún, *¡las malgastan!*) en lugar de *invertirlas.*

> *Pero el que hace la voluntad de Dios permanece para siempre.* 1 Jn. 2:17

4. Su defensa: la Palabra inspirada de Dios

Solo la Palabra inspirada de Dios puede revelar y derrotar las mentiras del diablo. Nosotros no podemos razonar con Satanás, ni (como Eva descubrió) conversar con él sin que nos influya. La sabiduría del hombre no es rival para la astucia de Satanás. Nuestra única defensa es la Palabra inspirada de Dios.

Fue esta arma la que empleó nuestro Señor cuando fue tentado por Satanás en el desierto.

> *Entonces Jesús fue llevado por el Espíritu al desierto, para ser tentado por el diablo. Y después de haber ayunado cuarenta días y cuarenta noches, tuvo hambre. Y vino a él el tentador, y le dijo: Si eres Hijo de Dios, dí que estas piedras se conviertan en pan.*
>
> *Él respondió y dijo: Escrito está: No sólo de pan*

> *vivirá el hombre, sino de toda palabra que sale de la boca de Dios.*
> *Entonces el diablo le llevó a la santa ciudad, y le puso sobre el pináculo del templo, y le dijo: Si eres Hijo de Dios, échate abajo; porque escrito está: A sus ángeles mandará acerca de ti, y, En sus manos te sostendrán, para que no tropieces con tu pie en tierra.*
> *Jesús le dijo: Escrito está también: No tentarás al Señor tu Dios.*
> *Otra vez le llevó el diablo a un monte muy alto, y le mostró todos los reinos del mundo y la gloria de ellos, y le dijo: Todo esto te daré, si postrado me adorares.*
> *Entonces Jesús le dijo: Vete, Satanás, porque escrito está: Al Señor tu Dios adorarás, y a él solo servirás.*
> *El diablo entonces le dejó; y he aquí vinieron ángeles y le servían.* Mt. 4:1-11

Nuestro Señor no utilizó su divino poder para derrotar a Satanás. Usó la misma arma que nosotros tenemos disponible hoy en día: la Palabra de Dios. Jesús estaba motivado por el Espíritu divino, y lleno de su Palabra. Como veremos en el siguiente capítulo, la Palabra de Dios es "la espada del Espíritu" (Ef. 6:17), y el Espíritu Santo nos puede capacitar para manejarla adecuadamente. Si usted y yo pretendemos derrotar las mentiras de Satanás, debemos depender de la Palabra divina. Este hecho nos hace asumir ciertas responsabilidades.

[1] *Debemos conocer la Palabra de Dios.* No hay ningún motivo por el que ningún creyente deba ignorar el contenido

de su Biblia. La Palabra de Dios está disponible para todos nosotros, en numerosas versiones. Tenemos al Espíritu Santo en nuestro interior, que nos enseña las verdades de la Palabra (Jn. 16:13-15). Disponemos de una enorme cantidad de estudios bíblicos en el mercado. Podemos conectar la radio y escuchar a excelentes predicadores y maestros de la Biblia exponiendo la Palabra de Dios. Dentro de las iglesias locales, hay pastores y enseñadores que ministran la Palabra y, en muchas zonas, hay seminarios y grupos de estudio bíblico para profundizar en su conocimiento. Si un creyente inteligente hoy día no conoce su Biblia, ¡la culpa es solo suya!

Esto quiere decir, por supuesto, que debemos dedicar tiempo a *leer* y *estudiar* la Biblia. Nadie podrá dominar al cien por cien la Palabra de Dios a pesar de dedicarle toda una vida de estudio, pero deberíamos aprender todo lo que podamos. Debemos *buscar voluntariamente* tiempo para ello, no "disponer" de tiempo, para leer y estudiar la Palabra de Dios. Del mismo modo que el mecánico estudia los manuales, o el cirujano sus textos de medicina, el cristiano debe estudiar la Palabra de Dios. El estudio bíblico no es un lujo, sino una necesidad.

[2] *Debemos memorizar la Palabra de Dios.* Nuestro Señor, cuando estuvo en el desierto, ¡no tenía a mano una concordancia! Pero recordó los libros de Moisés, seleccionó Deuteronomio, y citó tres versículos de ese libro para hacer callar a Satanás. La mayoría de los adultos piensan que memorizar la Biblia es algo propio de los niños en la Escuela Dominical, cuando de hecho es algo que debe hacer *todo creyente*. Los cristianos adultos necesitan la Palabra mucho más que los niños, aunque es bueno que éstos la memoricen también.

> *En mi corazón he guardado tus dichos, para no pecar contra ti.* Sal. 119:11

> *La ley de su Dios está en su corazón; por tanto, sus pies no resbalarán.* Sal. 37:31

> *El hacer tu voluntad, Dios mío, me ha agradado, y tu ley está en medio de mi corazón.* Sal. 40:8

Si usted no sigue ningún programa sistemático para memorizar la Biblia, comience a hacerlo ya. Su pastor le podrá ofrecer asesoramiento, y seguro que dispondrá de materiales para hacerlo. Busque en su librería cristiana más cercana ayudas para la memorización bíblica.

[3] *Debemos meditar en la Palabra de Dios.* La meditación es para el hombre interior lo que la digestión para el exterior. Si usted no fuera capaz de digerir sus alimentos, enfermaría y moriría.

> *Nunca se apartará de tu boca este libro de la ley, sino que de día y de noche meditarás en él, para que guardes y hagas conforme a todo lo que en él está escrito; porque entonces harás prosperar tu camino, y todo te saldrá bien.* Jos. 1:8

> *Sino que en la ley de Jehová está su delicia, y en su ley medita de día y de noche.* Sal. 1:2

¿Realmente *se deleita* usted en la Palabra de Dios, o la lee solo por obligación? ¿Pasa por su tiempo devocional como un cohete, o se toma tiempo para alimentarse de la Palabra? Llegue a su propia conclusión según estas afirmaciones del salmista:

> *¡Cuán dulces son a mi paladar tus palabras! Más que la miel a mi boca.* Sal. 119:103
>
> *Me anticipé al alba, y clamé; esperé en tu palabra. Se anticiparon mis ojos a las vigilias de la noche, para meditar en tus mandatos.*
> Sal. 119:147-148
>
> *Mi escondedero y mi escudo eres tú; en tu palabra he esperado.* Sal. 119:114
>
> *Mejor me es la ley de tu boca que millares de oro y plata.* Sal. 119:72
>
> *Por eso he amado tus mandamientos más que el oro, y más que oro muy puro.* Sal. 119:127

¡Aquí tenemos a un santo que preferiría tener la Palabra de Dios antes que comida, sueño o dinero! Temprano por la mañana, y por la noche, meditaba en la Palabra y enriquecía su alma. Este tipo de cristiano es el que es capaz de usar la Palabra de Dios para derrotar a Satanás y a sus mentiras.

[4] *Debemos usar la Palabra de Dios.* La mente del creyente debería ser como una "computadora espiritual". Debería estar tan saturado de las Escrituras que, cada vez que se enfrentara a una tentación, recordara automáticamente la porción de la Biblia que trata sobre ese tema. El ministerio del Espíritu Santo es traer a nuestra mente la Palabra cuando lo necesitemos.

> *Mas el Consolador, el Espíritu Santo, a quien el Padre enviará en mi nombre, él os enseñará todas*

las cosas, y os recordará todo lo que yo os he dicho.
Jn. 14:26

¡Pero el Espíritu de Dios no nos puede recordar algo *que no hemos aprendido*! Debemos permitirle que, antes que nada, nos enseñe la Palabra. Debe memorizar las Escrituras que Él le abra. Entonces el Espíritu divino podrá recordarle lo que ha aprendido, usando esas verdades para derrotar a Satanás. Por favor, recuerde ¡que Satanás conoce la Biblia mejor que nosotros! ¡Y que es capaz de citarla!

El Espíritu de Dios le ayudará a utilizar su Palabra en la lucha con el diablo. El Espíritu le mostrará cuándo Satanás está "usando" la Biblia para promocionar sus propias mentiras, como hizo con Jesús en el desierto. Satanás citó el Salmo 91:11, 12, pero adaptándolo a sus propias intenciones, omitiendo el "en todos tus caminos". Dios promete protegernos cuando estemos en sus caminos. Si nosotros, por pura estupidez, nos apartamos de ellos, Dios no está obligado a cuidar de nosotros. Esto explica por qué Jesús respondió: "También esta escrito . . ." (Mt. 4:7).

Jesús comparaba un pasaje de las Escrituras con otro. Tomaba en consideración *el mensaje global de la Biblia*, y no se ceñía (como hacía Satanás) a un pasaje determinado. A Satanás le encanta sacar versículos fuera de su contexto y usarlos para "corroborar" sus falsas pretensiones. Usted y yo debemos tener una *visión global de las Escrituras*, si queremos detectar las mentiras de Satanás y superarlas.

También es importante que contemplemos el mundo que nos rodea usando "los ojos" de la Biblia. Debemos poder decir

porque por fe andamos, no por vista. 2 Co. 5:7

Si procuramos evaluar las cosas que nos rodean sobre la base de nuestros pensamientos y conocimientos, nos meteremos en problemas. Debemos creer que lo que dice Dios en su Palabra acerca de todas las cosas es cierto.

> *Por eso estimé rectos todos tus mandamientos sobre todas las cosas, y aborrecí todo camino de mentira.*
> Sal. 119:128

Es posible que la propuesta de un negocio "parezca buena" a la mente natural, pero si no se basa en las verdades de la Palabra de Dios, fracasará. El matrimonio "puede estar bien" desde el punto de vista humano, pero si contradice a la Palabra de Dios, es incorrecto. A lo largo de mi ministerio pastoral, he visto empresas que quebraban y matrimonios rotos porque no se basaban en la voluntad de Dios. Hubo alguien que se creyó una mentira de Satanás.

Haga un inventario

(1) ¿Dedico un tiempo cada día a leer la Palabra de Dios y a meditar en ella?

(2) ¿Intento memorizar las Escrituras de una forma sistemática?

(3) ¿Pienso automáticamente en algún pasaje bíblico cuando me siento tentado o cuando debo tomar alguna decisión, o cuando debo telefonear a mis amigos cristianos para obtener una guía celestial?

(4) ¿Creo que soy más capaz que antes de detectar las mentiras de Satanás?

(5) Ahora que soy creyente, ¿sigue habiendo alguna mentira en mi mente?

(6) ¿Conozco la voluntad de Dios para mi vida? ¿De verdad *deseo* conocerla?

(7) ¿Me deleito en la ley de Dios y la practico de corazón?

(8) ¿Soy culpable de mentir? ¿Por qué lo hago?

(9) ¿Estoy dispuesto a aceptar como verdad todo lo que dice la Palabra de Dios sobre mi vida? ¿O pregunto de vez en cuando "*¿De verdad* ha dicho eso Dios?" ¿Discuto su Palabra?

(10) La Palabra de Dios, ¿me resulta cada día más maravillosa? ¿La disfruto más que los placeres naturales de la vida, incluyendo la comida y el sueño?

Una sugerencia: Pídale a su pastor que le sugiera un programa para memorizar la Biblia usted y su familia. Si no dispone de uno, puede buscarlo en su librería cristiana más cercana. También puede escribir a: Los Navegantes, P.O. Box 20. Colorado Springs, Colorado 80901, USA.

EL DESTRUCTOR

CAPÍTULO DOS

EL DESTRUCTOR

Sed sobrios, y velad; porque vuestro adversario el diablo, como león rugiente, anda alrededor buscando a quien devorar. 1 P. 5:8

Simón, Simón, he aquí Satanás os ha pedido para zarandearos como a trigo. Lc. 22:31

Y tienen por rey sobre ellos al ángel del abismo, cuyo nombre en hebreo es Abadón [destrucción], *y en griego, Apolión* [destructor]. Ap. 9:11

Entonces fue traído a él un endemoniado, ciego y mudo; y le sanó, de tal manera que el ciego y mudo veía y hablaba. Mt. 12:22

Y Jehová dijo a Satanás: He aquí, él está en tu mano; mas guarda su vida. Job 2:6*

* Le recomiendo que lea por completo los dos primeros capítulos de Job.

1. El objetivo de Satanás: su cuerpo

Si Satanás no puede derrotarle engañando a su mente, entonces procurará destruir su cuerpo. Como serpiente, destruye; como león, devora. Si creemos sus mentiras, nos destruiremos a nosotros mismos. Mientras escribo estas líneas, la autoridades están investigando el suicidio colectivo de los miembros del Templo del Pueblo, en Guayana. Más de 700 personas murieron porque creyeron las mentiras de Satanás.

Pero, si resistimos sus engaños, entonces atacará nuestros cuerpos. Job es el ejemplo por excelencia de este tipo de ataques. Perdió el fruto de su cuerpo, sus hijos. Luego perdió el medio de sustentar su cuerpo, sus rebaños y riquezas. Y perdió la salud de su cuerpo, cuando contrajo una penosa enfermedad. Sus amigos estuvieron sentados junto a él una semana en silencio, porque percibieron que Job lo estaba pasando muy mal. Incluso la mujer de Job estaba tan sobrecargada por las pruebas por las que pasaba su esposo, que le sugirió "¡Maldice a Dios, y muérete!" (Job 2:9). Satanás se dedicó a fondo atacando al cuerpo de Job y a todo lo relacionado con él.

Cuando leemos los Evangelios, descubrimos que Satanás, por medio de sus ayudantes demoníacos, atacó e intentó destruir los cuerpos de diversas personas. Hizo que un hombre se quedara mudo (Mt. 9:32, 33), y que el cuerpo de una mujer se anquilosara y quedara incapacitada (Lc. 13:11-17). Incluso atacó a un niño e intentó que se destruyera a sí mismo mediante el agua y el fuego (Mt. 17:14-18). No podemos eludir el tremendo hecho de que Satanás desea atacar y destruir nuestro cuerpo.

¿Por qué tiene esta intención? Por diversos motivos. Primero, porque nuestro cuerpo es *el templo de Dios.*

> *¿O ignoráis que vuestro cuerpo es templo del Espíritu Santo, el cual está en vosotros, el cual tenéis de Dios, y que no sois vuestros? Porque habéis sido comprados por precio; glorificad, pues, a Dios en vuestro cuerpo y en vuestro espíritu, los cuales son de Dios.* 1 Co. 6:19-20

> *. . . conforme a mi anhelo y esperanza de que en nada seré avergonzado; ante bien con toda confianza, como siempre, ahora también será magnificado Cristo en mi cuerpo, o por vida o por muerte.* Fil. 1:20

Dios es invisible, y el mundo no lo puede contemplar. Jesucristo ha regresado al cielo, y tampoco podemos verle. Pero los cristianos *sí* son visibles, y es nuestra conducta *en el cuerpo* la que glorifica y exalta al Señor.

> *Así alumbre vuestra luz delante de los hombres, para que vean vuestras buenas obras, y glorifiquen a vuestro Padre que está en los cielos.* Mt. 5:16

Dios quiere usar su cuerpo como un vehículo para revelarle a un mundo perdido. No es probable que los inconversos lean la Biblia para aprender acerca de Dios, ni tampoco libros de teología cristiana, pero sí leerán nuestra vida.

> *Mas vosotros sois linaje escogido, real sacerdocio, nación santa, pueblo adquirido por Dios, para que anunciéis las virtudes de aquel que os llamó de las tinieblas a su luz admirable.* 1 P. 2:9

Esto quiere decir que, cuando Satanás está atacando su cuerpo, ataca el único medio que tiene Dios de revelar su gracia y su amor a un mundo perdido. La creación revela el poder, la sabiduría y la gloria de Dios, pero los cristianos revelan su gracia y su amor.

Su cuerpo no solo es el templo de Dios, sino también *su instrumento*.

> *No reine, pues, el pecado en vuestro cuerpo mortal, de modo que lo obedezcáis en sus concupiscencias; ni tampoco presentéis vuestros miembros al pecado como instrumentos de iniquidad, sino presentaos vosotros mismos a Dios como vivos de entre los muertos, y vuestros miembros a Dios como instrumentos de justicia.* Ro. 6:12-13

Cuando Dios quiso que se construyera un arca, utilizó la habilidad de Noé y de su familia. Cuando quiso que se levantara el tabernáculo, usó las manos y mentes de Bezaleel y Aholiab y sus ayudantes (Éx. 36:1ss). Jesús utilizó las manos de sus discípulos para distribuir los panes y los peces, y usó sus labios y lenguas para predicar el evangelio. Si Dios quiere que su plan se ponga en práctica en este mundo, debe usar los diversos miembros de nuestros cuerpos, capacitados por el Espíritu divino.

Satanás sabe que puede obstaculizar la obra de Dios atacando a sus obreros, y desviando a los "instrumentos" de la obra. La palabra griega que se traduce como "instrumentos" en Romanos 6:13 se puede traducir como "herramientas" o incluso "armas". Del mismo modo que Dios el Hijo tuvo que adoptar un cuerpo para llevar a cabo su obra en la tierra, también el Espíritu Santo necesita nuestros cuerpos. Los miembros de su cuerpo son instrumentos en las manos del Espíritu para ayudar a edificar la Iglesia en este mundo. No subestime jamás la importancia de su cuerpo, ni minimice el cuidado que le requiere. El cristiano que no cuida su salud o seguridad está siguiéndole el juego al destructor.

El tercer motivo por el que Satanás ataca su cuerpo es porque éste es *el tesoro de Dios.*

> *Pero tenemos este tesoro en vasos de barro, para que la excelencia del poder sea de Dios, y no de nosotros.* 2 Co. 4:7

Cuando Dios le salvó, puso en su cuerpo el tesoro de la vida eterna. ¡Tiene usted la vida del mismo Dios dentro de su cuerpo! Dios no podía concederle este gran tesoro únicamente para que lo protegiera, ¡porque una vasija de barro no es el lugar más seguro para un tesoro! No, le concedió este tesoro para que pudiera *invertirlo*, por medio de usted, en las vidas de otras personas. Por ejemplo, Dios depositó esta riqueza espiritual en el apóstol Pablo

> *según el glorioso evangelio del Dios bendito, que a mí me ha sido encomendado.* 1 Ti. 1:11

Pablo invirtió este tesoro en Timoteo.

> *Oh Timoteo, guarda lo que se te ha encomendado.* 1 Ti. 6:20

> *Guarda el buen depósito por el Espíritu Santo que mora en nosotros.* 2 Ti. 1:14

Timoteo, a su vez, tenía que invertir ese tesoro en las vidas de otros.

> *Lo que has oído de mí ante muchos testigos, esto encarga a hombres fieles que sean idóneos para enseñar también a otros.* 2 Ti. 2:2

En otras palabras, la seguridad y éxito de esta inversión espiritual, ¡está en las manos de débiles seres humanos! ¡Es un tesoro en vasijas de barro! Satanás puede arrebatar al mundo esta riqueza espiritual por medio del ataque a los cuerpos de los creyentes.

Finalmente, Satanás ataca su cuerpo porque es la *zona de pruebas de Dios.*

> *. . . sino que golpeo mi cuerpo, y lo pongo en servidumbre, no sea que habiendo sido heraldo para otros, yo mismo venga a ser eliminado.*
> 1 Co. 9:27

La imagen que aquí se nos presenta tiene que ver con los juegos griegos. Cada participante tenía que clasificarse y seguir las reglas, si deseaba competir. Si después de haber obtenido un trofeo se demostraba que había roto las reglas, se le arrebataba. Jim Thorpe, uno de los deportistas norteamericanos más destacados, tuvo que devolver sus medallas olímpicas porque se demostró que se había dedicado a competir por dinero, lo cual va en contra de la normativa olímpica.

Satanás puede arrebatarle a usted sus premios atacando su cuerpo y haciéndole romper las reglas. No es una cuestión de salvación, sino de recompensa por prestar un servicio fiel.

El atleta, si rompía las reglas, no perdía su ciudadanía, pero tenía que renunciar a sus premios, lo cual era una experiencia muy embarazosa.

> *Y ahora, hijitos, permaneced en él, para que cuando se manifieste, tengamos confianza, para que en su venida no nos alejemos de él avergonzados.*
> 1 Jn. 2:28

Jamás podré destacar bastante el hecho de que *su cuerpo es importante para Dios*. Como hijos de Dios, usted y yo debemos cuidar nuestros cuerpos y usarlos para la gloria de Dios. Debemos dejar de lado cualquier cosa en nuestra vida que nos aparte de hacerlo lo mejor que podamos. Del mismo modo que el mecánico cuida bien de sus herramientas, el creyente debe cuidar mucho los "instrumentos" que son su cuerpo.

> *Así que, hermanos, os ruego por las misericordias de Dios, que presentéis vuestros cuerpos en sacrificio vivo, santo, agradable a Dios, que es vuestro culto racional.* Ro. 12:1

2. El arma de Satanás: el sufrimiento

Satanás desea controlar las circunstancias que rodean al cuerpo para que el creyente sufra. Quiere atacar el cuerpo y provocar padecimiento. Todo esto queda ilustrado en la historia de Job. Primero, Satanás atacó el *cuerpo* de Job a través de sus circunstancias, y Job perdió sus hijos, su riqueza y el favor de su esposa, amigos y vecinos. Luego Satanás atacó a la *persona* de Job, con una terrible enfermedad. Cuando Job miró alrededor, su situación era espantosa. Cuando miró dentro de sí, todavía era peor. Y cuando miró al cielo, parecía que Dios le había abandonado, a pesar de que Job mantenía la fe en Él y, al final, fue honrado por Dios.

Es importante que nos demos cuenta de que Dios *nunca perdió el control.* Satanás no pudo atacar las posesiones de Job hasta que Dios no le concedió permiso. Tampoco pudo atacar a la persona de Job hasta que Dios se lo permitió. Esto nos recuerda las palabras que nuestro Señor dirigió a Pedro.

> *Simón, Simón, he aquí Satanás os ha pedido* [literalmente: "os ha obtenido al pedir permiso"] *para zarandearos como a trigo; pero yo he rogado por ti, que tu fe no falte.* Lc. 22:31-32

Satanás no puede tocar a los hijos de Dios sin el permiso del Padre celestial. Esto supone una gran fuente de ánimo para nosotros, porque sabemos que, cualquiera que sean los sufrimientos que asalten nuestra vida, Dios los ha ordenado, y tiene el control absoluto sobre ellos. Lo que Dios no controlará será *el modo en que nosotros reaccionemos ante ese sufrimiento*, y es aquí donde Satanás puede alcanzar su propósito.

Démonos cuenta, también, de que en la vida del cristiano hay más de un tipo de sufrimiento. Tenemos el *sufrimiento natural*, que experimentamos por el mero hecho de ser humanos. No podemos impedir que, a medida que envejecemos, el cuerpo se vaya deteriorando, aunque podemos intentar retrasarlo en lo posible. Estamos sujetos a enfermedades y heridas; perdemos a los seres queridos y a los amigos, a medida que la muerte los va reclamando; nos encontramos decayendo, cuando lo que esperábamos era poder acelerar un poco las cosas. Pero no podemos echarle la culpa al diablo de los inconvenientes, incluso el dolor, de ser humanos en medio de un mundo peligroso. Toda la creación gime debido a su esclavitud al pecado, y nosotros los cristianos gemimos con ella (Ro. 8:18-23).

A veces Dios envía (o permite) que sus hijos sufran, para poder disciplinarlos. Nuestro Padre celestial nos ama demasiado como para permitirnos ser rebeldes, de modo que nos reprende para que nos conformemos a su voluntad.

> *Hijo mío, no menosprecies la disciplina del Señor, ni desmayes cuando eres reprendido por él; porque el Señor al que ama, disciplina, y azota a todo el que recibe por hijo.* He. 12:5-6

La palabra traducida como "disciplina" en Hebreos 12 significa, sencillamente: "formación del niño". El propósito de la disciplina es la madurez del hijo. El propósito de Dios no es acosarnos, sino perfeccionarnos. La disciplina no es el acto de un juez furioso cuando castiga a un criminal. Es la obra de un Padre amante que perfecciona a sus hijos.

La disciplina no siempre es consecuencia de que hayamos pecado. Es cierto que Dios "azota" a sus hijos cuando se rebelan contra Él rehusando arrepentirse. David pecó contra Dios e intentó encubrir su pecado durante más de un año. Lea el Salmo 32 y descubra en él lo que llegó a padecer David física, emocional y espiritualmente, porque no quería someterse a Dios. Pero en ocasiones Dios permite el sufrimiento en nuestra vida simplemente para formarnos y conseguir que maduremos.

En la Biblia hay dos tormentas que ilustran esta verdad. Jonás desobedeció a Dios y rehusó ir a Nínive. Encontró un barco que le iba bien para trasladarse a Tarsis, pero Dios interrumpió la huida de Jonás enviándole una tormenta. Cuando los marineros arrojaron a Jonás al mar embravecido, vino un gran pez que se tragó al profeta. Él describe su "muerte en vida" en el estómago del gran pez en el capítulo 2 de su libro. Dios tuvo que castigar a Jonás, y casi arrebatarle la vida, antes de que el profeta confesara sus pecados y se plegara a la voluntad divina. Aquella tormenta tuvo el propósito de *corregir* a un siervo de Dios, que había sido desobediente.

Pero hay otras tormentas que se producen *¡porque somos obedientes!* Una de estas es la que encontramos en Mateo 14:22-33. Jesús había alimentado a más de 5000 personas, y éstas querían hacerle rey. Él dispersó a la multitud, y a los discípulos los envió en una barca a cruzar el Mar de Galilea. Él subió a lo alto de una montaña a orar. Cuando los discípulos se apartaron de la orilla, estalló una fuerte tormenta que casi hunde la barca. Por favor, démonos cuenta: no se vieron inmersos en la tormenta por haber desobedecido al Señor, *sino por haberle obedecido.* Jesús estaba probando y perfeccionando su fe. Más tarde acudió a ellos y calmó la tormenta, pero aquella experiencia reveló a aquellos hombres qué débil era, en realidad, la fe que tenían.

De modo que en ocasiones sufrimos meramente porque somos humanos. También padecemos por ser desobedientes al Señor, que entonces debe disciplinarnos. También sufrimos para que Dios pueda perfeccionar nuestra fe y ayudarnos a madurar. No todo el sufrimiento tiene su origen en Satanás. Pero sí que hay cierto tipo que es el arma que el diablo utiliza, y eso es lo que experimentó Job. Parecía que todas las calamidades de su vida tenían explicaciones perfectamente naturales: los sabeos le robaron los bueyes y asnos; un fuego del cielo (quizá un rayo) quemó a todas las ovejas; los caldeos se llevaron a los camellos y un gran viento (¿un tornado?) hizo que se hundiera la casa de su hijo mayor y mató al resto de sus hijos en su caída. *¡Pero Satanás estaba detrás de todos estos acontecimientos!* Cuando Dios le concede permiso, Satanás puede usar a las personas y a las fuerzas de la naturaleza para cumplir sus propósitos.

Como creyentes, disfrutamos de esta confianza: *Dios siempre tiene el control de la situación.* Cuando Dios permite que Satanás encienda el horno, ¡siempre conserva su propia mano en el termostato! Job no tenía idea de lo que estaba pasando tras el escenario. No sabía que Dios estaba permitiendo que sufriera para poder silenciar a Satanás. La auténtica batalla es la que se libraba "en los lugares celestiales" (Ef. 6:12). El hogar y el cuerpo de Job no eran más que el *ring* donde los dos combatientes, Dios y Satanás, luchaban el uno contra el otro. Satanás quería usar el cuerpo de Job para derrotar a Dios, y Dios quería usarlo para vencer a Satanás.

Cuando se vea envuelto en unas circunstancias difíciles, intente discernir, mediante la Palabra de Dios y la oración, si su sufrimiento es natural, si proviene de Dios o de Satanás. ¿Está Dios perfeccionándole? ¿O disciplinándole quizá? ¿Está Satanás procurando entorpecer su ministerio o incluso destruirle? No puede controlar el *origen* de su sufrimiento, pero sí su *resultado*. ¿Cómo? Esta pregunta nos lleva a la siguiente sección.

3. El propósito de Satanás: hacer que a usted le impaciente la voluntad de Dios

El único lugar en todo el Nuevo Testamento donde se menciona a Job es en Santiago 5:11:

> *He aquí, tenemos por bienaventurados a los que sufren. Habéis oído de la paciencia de Job, y habéis visto el fin del Señor, que el Señor es muy misericordioso y compasivo.*

Este versículo indica que el propósito de Satanás era el de conseguir que Job se impacientara y "tirara la toalla". En realidad Job se impacientó consigo mismo y con sus amigos, pero jamás perdió la fe en Dios. Aunque no comprendía lo que estaba haciendo Dios, Job sabía que podía confiar en Él, quien le justificaría al final.

La paciencia es una virtud cristiana importante. A menos que tengamos paciencia, nunca podremos aprender muchas de las verdades que Dios quiere que asimilemos, verdades que nos conducirán a una vida más profunda y a un ministerio más fructífero.

> *Hermanos míos, tened por sumo gozo cuando os halléis en diversas pruebas, sabiendo que la prueba de vuestra fe produce paciencia. Mas tenga la paciencia su obra completa, para que seáis perfectos y cabales, sin que os falte cosa alguna.* Stg. 1:2-4

A menudo los niños son impacientes; no pueden estarse quietos durante el tiempo suficiente para hacer lo que deben hacer. "¿Cuánto tenemos que esperar?" es una de las preguntas favoritas del niño. *La impaciencia es una señal de inmadurez.*

Pero también es *una señal de incredulidad.* "El que cree no se apresura" (Is. 28:16, traducción literal). Cuando usted se sienta inquieto y nervioso, ansioso por "hacer algo", puede estar seguro de que no está confiando en que Dios haga su trabajo. Usted y yo necesitamos ser

> *imitadores de aquellos que por la fe y la paciencia heredan las promesas.* He. 6:12

La fe y la paciencia van juntas. Si realmente confiamos en Dios, esperaremos que Él cumpla lo que ha prometido.

La impaciencia no solo es una señal de inmadurez e incredulidad, sino que *es un rasgo típico de una vida carnal.* La carne (la vieja naturaleza) es siempre impaciente, pero el fruto del Espíritu es:

> *amor, gozo, paz, paciencia, benignidad, bondad, fe, mansedumbre, templanza.* Gá. 5:22-23

Somos impacientes por naturaleza, pero la nueva naturaleza que llevamos dentro puede producir paciencia cuando nos sometemos al Espíritu Santo. Cada vez que se encuentre con un creyente impulsivo, impaciente, puede estar razonablemente seguro de que es una persona que no anda en el Espíritu, sino que vive por la energía de la carne.

La impaciencia siempre conduce a cometer serios errores. Abraham se impacientó con Dios y "se casó" con Agar, la doncella de su esposa, para traer un hijo al mundo y cumplir así la promesa divina. Nació un hijo, ¡pero que no causó más que problemas! Abraham tuvo que esperar otros catorce años para que naciera Isaac, quien trajo alegría y bendición a su hogar.

El rey Saúl se impacientó, y no quiso esperar a que llegara el profeta Samuel. Se adelantó a la voluntad de Dios y ofreció el sacrificio, y este fue el principio del fin de su reinado.

Pedro también se impacientó en el Huerto de Getsemaní, ¡e intentó matar a un hombre con su espada! En lugar de cortarle el cuello, solo le acertó en la oreja, y Jesús, para salvar la vida de Pedro, sanó la herida. La impaciencia de Pedro casi le costó la vida.

Satanás sabe que, si logra que nos impacientemos, puede conseguir que cometamos alguna estupidez, metiéndonos en problemas (e implicando a otros). Recuerdo a un amigo que se impacientó en su ministerio, dimitió a toda prisa de la iglesia, y aceptó encargarse de otra que era una especie de "paraíso en la tierra". Resultó que era exactamente lo contrario, y al cabo de un año mi amigo se volvió a trasladar. Recuerdo a otro amigo que pensó haber encontrado un trabajo de los de "hágase rico en poco tiempo", se embarcó en él y casi pierde todo lo que tiene. Tuvo la suerte de que su antiguo jefe volviera a admitirle, pero mi amigo tuvo que volver a empezar de cero. La impaciencia sale cara.

Pero soportar con paciencia las tribulaciones nos enriquece. Satanás nos tienta para sacar lo peor que hay en nosotros, pero Dios se lo permite para sacar lo mejor que tenemos. Job sabía esto, de manera que dijo:

> *Mas él conoce mi camino; me probará, y saldré como oro.* Job 23:10

Dios nunca permitirá que el enemigo nos haga pasar por el fuego sin ningún propósito. *Dios quiere hacernos pacientes.* No podemos aprender a serlo escuchando una conferencia o leyendo un libro. La única manera que tenemos de aprender a ser pacientes es la de *atravesar las pruebas que Dios dispone para* nosotros. Las pruebas de esta vida son los instrumentos que utiliza Dios para hacer que maduremos, para alimentar nuestra fe, y para hacernos confiar en el Espíritu y no en la carne.

Cuando se sienta impaciente, puede estar seguro de que Satanás y la carne están activos, y que corre usted el peligro de tomar una mala decisión. Cuando las circunstancias de la vida nos irritan, ¡es el momento de tener cuidado! Cuando los problemas con la familia, los amigos, la economía o los sentimientos hacen que nuestra vida sea desagradable, podemos estar seguros de que Satanás anda cerca, esperando la oportunidad de atacarnos.

¡Pero Dios nos ha concedido una defensa!

4. Su defensa: la gracia impartida de Dios

Job no es el único creyente que sintió en su cuerpo el ataque de Satanás, porque el propio apóstol Pablo tuvo una experiencia parecida.

> *Y para que la grandeza de las revelaciones no me exaltase desmedidamente, me fue dado un aguijón en mi carne, un mensajero de Satanás que me abofetee, para que no me enaltezca sobremanera; respecto a lo cual tres veces he rogado al Señor, que lo quite de mí. Y me ha dicho: Bástate mi gracia; porque mi poder se perfecciona en la debilidad. Por tanto, de buena gana me gloriaré más bien en mis debilidades, para que repose sobre mí el poder de Cristo. Por lo cual, por amor a Cristo me gozo en las debilidades, en afrentas, en necesidades, en persecuciones, en angustias; porque cuando soy débil, entonces soy fuerte.* 2 Co. 12:7-10

No sabemos qué era "el aguijón en la carne" de Pablo, pero, fuera lo que fuese, le angustiaba lo bastante como para rogar tres veces en oración verse libre de él. (Recordemos que nuestro Señor, cuando estaba en Getsemaní, también rogó tres veces que fuera apartada de Él aquella copa. Cuando llegan las dificultades, no es incorrecto pedir liberación.)

Dios no respondió a la oración de Pablo, *pero sí proveyó para sus necesidades.* "Te basta mi gracia". Es esta gracia impartida por Dios la que nos concede la victoria cuando Satanás ataca a nuestro cuerpo mediante el sufrimiento. Solo por la gracia de Dios podemos tener esa resistencia paciente que necesitamos al pasar por las pruebas.

> *Mas el Dios de toda gracia, que nos llamó a su gloria eterna en Jesucristo, después que hayáis padecido un poco de tiempo, él mismo os perfeccione, afirme, fortalezca y establezca.* 1 P. 5:10

Nuestro Dios es "el Dios de toda gracia". El Espíritu Santo que vive en nosotros es "el espíritu de gracia" (He. 10:29). Su trono es "un trono de gracia" (He. 4:16), su Palabra "la palabra de su gracia" (Hch. 20:32). ¡Es una gracia que va de principio a final!

La gracia divina es la provisión que Él concede para cubrir todas nuestras necesidades. La gracia no es una "sustancia mística" que Dios vierte sobre nosotros cuando tenemos necesidad. La gracia es la generosa provisión que hace Dios para cubrir todas nuestras necesidades. La "ley" quiere decir que yo debo hacer algo por Dios, pero la "gracia" implica que Dios hace algo por mí. La gracia no se puede merecer, ni tampoco puede ganarse. *La gracia solo puede regalarse.*

> *Porque por gracia sois salvos por medio de la fe; y esto no de vosotros, pues es don de Dios; no por obras, para que nadie se gloríe.* Ef. 2:8-9

Esto quiere decir que "las riquezas de su gracia" ahora están disponibles para usted (Ef. 2:7). Dios puede concederle gracia para *servir* (1 Co. 15:9-10), para *sacrificarse* (2 Co. 8:1-9), para *cantar* (Col. 3:16) e incluso para *hablar* (Col. 4:6). También implica que Dios puede concederle gracia para *sufrir*, como hizo con Job y con Pablo.

Por consiguiente, ¿qué pasos debería dar cuando Satanás ataque su cuerpo con padecimientos, e intente que se sienta impaciente frente a la voluntad divina?

(1) *Sométase de inmediato a la dirección de Dios.* Si se rebela contra Él, permitirá que Satanás se afiance más en su vida. Dígale exactamente a Dios cómo se siente, pero también que le ama y que piensa confiar en Él pase lo que pase.

> *He aquí, aunque él me matare, en él esperaré.*
> Job 13:15

(2) *Dé gracias a Dios por las pruebas.*

> *. . . dando siempre gracias por todo al Dios y Padre, en el nombre de nuestro Señor Jesucristo.*
> Ef. 5:20

> *Dad gracias en todo, porque esta es la voluntad de Dios para con vosotros en Cristo Jesús.* 1 Ts. 5:18

Esto no quiere decir que *disfrutemos* el sufrimiento, sino solo que nos regocijemos porque estamos padeciendo según la voluntad de Dios, sabiendo que Él tiene el control de la situación. Satanás no soporta que los creyentes, en medio de sus pruebas, den gracias a Dios. Cuando Pablo y Silas cantaban y alababan a Dios en aquella cárcel de Filipos, ¡arruinaron por completo todos los planes de Satanás! (Lea Hch. 16:14ss.)

(3) *Pase mucho tiempo meditando en la Palabra de Dios.* Es la "palabra de su gracia" (Hch. 20:32), y las promesas divinas, llenas de esa gracia, las que le fortalecerán. Recuerde: no vivimos según expectativas, sino según promesas. Dios no explicó a Abraham todo lo que estaba haciendo, pero le dio todas las promesas que necesitaba para seguir adelante.

> *Antes que fuera yo humillado, descarriado andaba; mas ahora guardo tu palabra . . . Bueno me es haber sido humillado, para que aprenda tus estatutos.* Sal. 119:67, 71

En la Palabra de Dios descubrirá las promesas y el ánimo que necesita día a día.

> *Porque las cosas que se escribieron antes, para nuestra enseñanza se escribieron, a fin de que por la paciencia y* la consolación *de las Escrituras, tengamos esperanza.* Ro. 15:4

(4) *Busque maneras de glorificar a Cristo.* Recuerde que Dios quiere usar su cuerpo para glorificarle; Satanás desea usarlo para insultar al Señor. La paciencia en medio del sufrimiento siempre glorifica a Dios. Los inconversos no logran comprender cómo los cristianos son capaces de sufrir sin quejarse o rebelarse.

> *Pues, ¿qué gloria es, si pecando sois abofeteados, y lo soportáis? Mas si haciendo lo bueno sufrís, y lo soportáis, esto ciertamente es aprobado delante de Dios.* 1 P. 2:20

> *. . . pero si alguno padece como cristiano, no se avergüence, sino glorifique a Dios por ello.*
> 1 P. 4:16

En medio de la vergüenza y el sufrimiento, Pablo y Silas glorificaban a Dios cantando y alabando su nombre. Mientras lo estaban apedreando, Esteban glorificaba a Dios al orar por sus asesinos. Muchos de los salmos de David recogen el hecho de que era capaz de alabar a Dios incluso cuando lo perseguían y rechazaban. La epístola más alegre de Pablo, la dirigida a los filipenses, fue escrita en una cárcel romana, cuando su propia vida estaba en juego.

A medida que vaya usted siguiendo estas instrucciones, descubrirá que el Espíritu de gracia está obrando en su vida, impartiéndole la gracia de Dios. ¡Crecerá en una paciencia que sabe soportar las pruebas! Experimentará dentro de usted el amor y la gracia de Dios, y esta experiencia le compensará con creces por los inconvenientes y los sufrimientos que le rodeen. Puede que Dios no cambie las circunstancias, *pero le cambiará a usted*, de manera que las mismas trabajen *para* usted, no *contra* usted. Como dije antes, usted y yo no podemos controlar el *origen* o el *desarrollo* del sufrimiento, pero podemos (con la ayuda de Dios) controlar los *resultados*.

> *Por tanto, de buena gana me gloriaré más bien en mis debilidades, para que repose sobre mí el poder de Cristo.* 2 Co. 12:9

Si vive usted para complacerse a sí mismo, Satanás ganará la partida. Si vive usted para glorificar a Dios, Satanás no tendrá nada que hacer. La gracia impartida por Dios es la única arma que puede derrotarle, y esa gracia solo se puede encontrar en "el Dios de toda gracia".

EL DICTADOR

CAPÍTULO TRES

EL DICTADOR

Ahora es el juicio de este mundo; ahora el príncipe de este mundo será echado fuera. Jn. 12:31

No hablaré ya mucho con vosotros; porque viene el príncipe de este mundo, y él nada tiene en mí. Jn. 14:30

. . . no un neófito, no sea que envaneciéndose caiga en la condenación del diablo. También es necesario que tenga buen testimonio de los de afuera, para que no caiga en descrédito y en lazo del diablo. 1 Ti. 3:6-7

Antes del quebrantamiento es la soberbia, y antes de la caída la altivez de espíritu. Pr. 16:18

Sabemos que somos de Dios, y el mundo entero está bajo [literalmente: "en el regazo de"] *el maligno.* 1 Jn. 5:19

Si yo le preguntara "¿Cuál fue el peor pecado que cometió David?", seguramente me respondería "Cometer adulterio con Betsabé y hacer que mataran a su esposo en la batalla". Ciertamente, los pecados de adulterio y asesinato (unidos al engaño) son graves, y no podemos tratarlos a la ligera. Pero David cometió otro pecado que incluso tuvo mayores consecuencias. Debido al adulterio de David, murieron cuatro personas: Urías; el niño que nació; Amnón y Absalón. Pero debido al otro pecado de David, *¡murieron 70.000 personas!* Cuando David confesó sus pecados de adulterio y de asesinato, dijo: "He pecado". Pero cuando confesó ese otro pecado, dijo: "He pecado gravemente".

¿Cuál fue el otro pecado de David? ¿Y qué papel jugó en él Satanás?

> *Pero Satanás se levantó contra Israel, e incitó a David a que hiciese censo de Israel. Y dijo David a Joab y a los príncipes del pueblo: Id, haced censo de Israel desde Beerseba hasta Dan, e informadme sobre el número de ellos para que yo lo sepa. Asimismo esto desagradó a Dios, e hirió a Israel. Entonces dijo David a Dios: He pecado gravemente al hacer esto; te ruego que quites la iniquidad de tu siervo, porque he hecho muy locamente. Así Jehová envió una peste en Israel, y murieron de Israel setenta mil hombres. Y envió Jehová el ángel a Jerusalén para destruirla; pero cuando él estaba destruyendo, miró Jehová y se arrepintió de aquel mal, y dijo al ángel que destruía: Basta ya; detén tu mano. El ángel de Jehová estaba junto a la era de Ornán jebuseo. Y alzando David sus*

ojos, vio al ángel de Jehová, que estaba entre el cielo y la tierra, con una espada desnuda en su mano, extendida contra Jerusalén. Entonces David y los ancianos se postraron sobre sus rostros, cubiertos de cilicio. Y dijo David a Dios: ¿No soy yo el que hizo contar el pueblo? Yo mismo soy el que pequé, y ciertamente he hecho mal; pero estas ovejas, ¿qué han hecho? Jehová Dios mío, sea ahora tu mano contra mí, y contra la casa de mi padre, y no venga la peste sobre tu pueblo.
Y el ángel de Jehová ordenó a Gad que dijese a David que subiese y construyese un altar a Jehová en la era de Ornán jebuseo. Entonces David subió, conforme a la palabra que Gad le había dicho en nombre de Jehová. 1 Cr. 21:1-2, 7-8, 14-19.

1. El objetivo de Satanás: su voluntad

La meta de Satanás siempre es llegar a la voluntad y dominarla. Puede comenzar engañando a la mente, como hizo con Eva, o atacando el cuerpo, como en el caso de Job; pero, en última instancia, debe alcanzar la voluntad. Sin embargo, en el caso de David, Satanás eludió su mente y su cuerpo, concentrando su estrategia en un demoledor ataque sorpresa contra su voluntad, venciéndole así. La mente de David no fue víctima de un engaño: cuando se rebeló contra Dios tenía los ojos bien abiertos. David tampoco estaba sufriendo, sino que, de hecho, su reino estaba en muy buena forma. Había logrado un buen número de importantes victorias y disfrutaba de un alto grado de popularidad y de éxito. Si David hubiera sido engañado, o se hubiese encontrado asaltado por el sufrimiento, podríamos tener cierto motivo para simpatizar con él, pero ese no fue el caso.

Jamás debemos subestimar la importancia de la voluntad en la vida cristiana. Hay demasiados creyentes que tienen una religión *intelectual* que satisface la mente pero no transforma la vida. Son capaces de debatir lo que dice la Biblia e incluso discutir sobre ella, pero cuando entran en la esfera de la práctica, fracasan. Otros cristianos tienen una religión *emocional*, que se compone de sentimientos cambiantes. A menos que se encuentren en un buen momento emocional, sienten que Dios les ha abandonado. Pero Dios quiere que *todo nuestro ser interior* esté entregado a Él: una mente inteligente, un corazón ferviente y una voluntad obediente. Nuestra obediencia debería ser inteligente, y estar motivada por un corazón cálido y amoroso.

La vida cristiana es básicamente una cuestión de voluntad. Hemos de amar al Señor con todo nuestro corazón (nuestras emociones), nuestra mente (el intelecto) y nuestras fuerzas (la voluntad). El Espíritu Santo desea enseñar a nuestra mente por medio de la Palabra, inspirar en el corazón emociones santas, y luego fortalecer la voluntad para que hagamos la voluntad de Dios. Un cristiano comprometido ora tanto si se siente con ganas como si no. Obedece a la Palabra de Dios independientemente de sus propios sentimientos. El creyente que depende de sus emociones se pasa la vida subiendo y bajando, como en una montaña rusa religiosa. Pero el creyente que se asienta en la base del "poder espiritual de la voluntad" lleva una vida cristiana coherente, y un ministerio firme, que no se ve amenazado por las circunstancias cambiantes o por los sentimientos.

Su voluntad es importante porque ayuda a determinar su

carácter. Las decisiones moldean el carácter, y son las que marcan la pauta en su vida. Puede que se sienta tentado a echar la culpa a las circunstancias, los sentimientos o incluso a otras personas; pero esto es una simple excusa. Lo que debe dirigir nuestra vida es la voluntad. Usted fue salvo al decir "¡Esta es mi voluntad!", cuando respondió a la llamada de gracia divina; y crecerá y servirá a Dios diciendo "¡Hágase tu voluntad!"

Muchos cristianos creen que el amor cristiano es un sentimiento. No lo es: es una *voluntad*. Se nos *ordena* que nos amemos los unos a los otros, y Dios no puede dar órdenes a sus sentimientos. Pero tiene todo el derecho a ordenar a nuestra voluntad. El amor cristiano significa, sencillamente, que tratemos a los demás como Dios nos trata a nosotros, y esto implica a nuestra voluntad. Yo les confieso que hay creyentes a los que amo como cristiano, pero que no me gustan como personas, y no quisiera vivir con ellos o pasar dos semanas de vacaciones a su lado. Pero, con la ayuda del Espíritu, les trato del modo que Dios me trata a mí, y procuro demostrarles amor cristiano. Es una cuestión de voluntad.

El pecado original de Satanás también tuvo que ver con la voluntad. En Isaías 14:12-14 Satanás usa cinco veces verbos que indican voluntad, en tiempo futuro. Y ahora intenta duplicar ese pecado en nuestra vida, y lo conseguirá si no tenemos cuidado.

Satanás es "el príncipe de este mundo", y usted y yo somos extranjeros rebeldes que vivimos en su territorio. Dado que somos ciudadanos del cielo, obedecemos las leyes celestiales y nos sometemos a un Señor celestial. Satanás desea que le adoremos y sirvamos, quiere que nuestra voluntad esté sometida a la suya. ¿Qué arma utiliza para tentarnos?

2. El arma de Satanás: el orgullo

David se sintió importante cuando Satanás se le acercó con la sugerencia de que censara al pueblo. En 1 Crónicas 20 se nos habla de cierto número de grandes victorias, incluyendo la captura de una valiosa corona que fue colocada sobre la cabeza de David. Este rey consiguió muchas victorias, *pero perdió la guerra*, porque Satanás utilizó esas victorias para inflar el ego de David y llevarle a rebelarse contra Dios.

El adulterio de David con Betsabé fue un pecado de la carne. Pero, cuando decidió censar al pueblo, su pecado fue espiritual.

> *Así que, amados, puesto que tenemos tales promesas, limpiémonos de toda contaminación de carne y de espíritu, perfeccionando la santidad en el temor de Dios.* 2 Co. 7:1

Los creyentes no deberían caer en pecados de la carne ni del espíritu, pero aquellos que no sean culpables de "pecados carnales" (como el adulterio, la gula, etc.) no deberían condenar a otros, porque puede que ellos mismos sean culpables de pecados espirituales. El hijo pródigo de Lucas 15 era culpable de pecados de la carne, pero su hermano mayor –orgulloso, crítico e inexorable–, era culpable de pecados espirituales.

Vale la pena tener en cuenta que el pecado de David, el de censar al pueblo, dio como resultado que murieran 70.000 personas. Su pecado de adulterio provocó la muerte de cuatro. Las iglesias locales son muy rápidas en juzgar y condenar a los que caen en pecados de la carne, pero no lo son tanto en juzgar y disciplinar a los miembros (sobre todo los que ocupan cargos destacados) que son culpables del pecados del espíritu:

orgullo, tozudez (disfrazada de "convicción"), murmuración, celos, competencia, jactancia respecto a los resultados, etc.

Hasta cierto punto, el orgullo forma parte de todas las tentaciones de Satanás. Parte de su oferta a Eva fue la de "¡Seréis como Dios!" Job tuvo que escuchar las críticas de sus amigos, y se preguntaba por qué Dios no aparecía para justificarle. Cuando Satanás tentó a nuestro Señor, intentó apelar al orgullo humano.

> *Otra vez le llevó el diablo a un monte muy alto, y le mostró todos los reinos del mundo y la gloria de ellos, y le dijo: Todo esto te daré, si postrado me adorares.* Mt. 4:8-9

Este es uno de los peligros de los grandes éxitos. Aquellos a los que se les ha concedido mucho tienen que luchar intensamente contra el orgullo. El orgullo glorifica al hombre y arrebata a Dios la gloria que solo Él merece. El orgullo es un arma que Satanás maneja con gran habilidad. Esto explica el porqué de las palabras de Pedro:

> *Dios resiste a los soberbios, y da gracia a los humildes. Humillaos, pues, bajo la poderosa mano de Dios, para que él os exalte cuando fuere tiempo.* 1 P. 5:5-6

¿Qué era tan malo en el hecho de que David censara al pueblo? Después de todo, ¿es que Moisés no *ordenó*, en Éxodo 30:11-16, que hubiera un censo anual? Sí, lo hizo, *pero como un recordatorio a la nación de que había sido adquirida por Dios.* Todo hombre de veinte años o mayor, tenía que entregar medio "shekel" como "dinero de rescate". Era una manera de reconocer la gran liberación de Dios, que les había sacado de Egipto. Y démonos cuenta de que en el versículo 12 Moisés añade una advertencia: "... para que no haya en ellos mortandad cuando los hayas contado".

Cuando David censó al pueblo, lo hizo para su propia gloria, no para la de Dios. No se menciona en absoluto que hiciera recolectar el "dinero de rescate". Lo que motivó el censo fue "la palabra del rey", y no la de Dios; e incluso Joab (que distaba de ser un hombre espiritual) rechazó la orden del rey. Lo que motivó las acciones de David fue su orgullo. Satanás se adueñó de la voluntad del rey, infló su ego y le llevó a pecar. Satanás sabía que David se sentía victorioso e importante, y aprovechó la coyuntura.

Esto explica por qué Pablo amonestó a la iglesia primitiva a que no colocara a los nuevos creyentes en lugares de liderazgo espiritual.

> *... no un neófito, no sea que envaneciéndose caiga en la condenación del diablo.* 1 Ti. 3:6

Durante mis años de ministerio pastoral, he visto a jóvenes cristianos que asumieron ministerios para los que no estaban preparados, y las consecuencias fueron de lo más trágico. Satanás susurra al nuevo creyente al que se le confía un ministerio destacado: "¡Ahora eres alguien importante!" No pasa mucho tiempo antes de que su orgullo tome el control y se convierta en un problema para el pastor y para la iglesia. El apóstol Juan tuvo este mismo problema con los líderes de las iglesias de su época.

> *Yo he escrito a la iglesia; pero Diótrefes, al cual le gusta tener el primer lugar entre ellos, no nos recibe.* 3 Jn. 9

¡Imagínese! ¡Rehusar aceptar las palabras de un apóstol! Pablo tenía algo que decir sobre esta actitud:

> *Si alguno enseña otra cosa, y no se conforma a las sanas palabras de nuestro Señor Jesucristo, y a la doctrina que es conforme a la piedad, está envanecido, nada sabe, y delira acerca de cuestiones y contiendas de palabras, de las cuales nacen envidias, pleitos, blasfemias, malas sospechas, disputas necias de hombres corruptos de entendimiento y privados de la verdad.* 1 Ti. 6:3-5

El deseo de Satanás es trabajar *dentro* de la iglesia local, obstaculizando su ministerio; y, para conseguir este objetivo, debe trabajar en y a través de los cristianos, o presuntos cristianos, que forman parte de esa comunidad. El orgullo es una de sus armas principales. Si es capaz de conseguir que un pastor se enorgullezca de sus predicaciones, un maestro de escuela dominical del crecimiento espiritual de sus alumnos, o un diácono de su experiencia y liderazgo, entonces el diablo tendrá un punto de apoyo desde el que lanzar sus ataques. El rey David acarreó la muerte y la tristeza a Israel únicamente por ser orgulloso.

3. El propósito de Satanás: hacerle independiente de la voluntad de Dios

El hombre es una criatura dependiente. Debe depender de Dios ("porque en él vivimos, y nos movemos, y somos", Hch. 17:28) y de su prójimo para mantenerse con vida. La esencia del pecado consiste en intentar independizarse de Dios, es la de hacernos creadores en lugar de criaturas (Ro. 1:25); implica creerse la mentira de Satanás, la de "seréis como Dios". Si el diablo consigue que usted actúe y piense independientemente de la voluntad divina, entonces podrá controlar su voluntad y su vida. Usted pensará que está actuando libremente, lo cual forma parte del engaño de Satanás, pero en realidad actuará bajo las órdenes del príncipe de este mundo.

Como ya hemos aprendido en capítulos anteriores, la voluntad de Dios es lo más importante en la vida del creyente. Como engañador que es, Satanás intenta hacer que usted ignore la voluntad divina. Como destructor, procura que esa voluntad le haga sentirse impaciente. En ambos casos, la voluntad de Dios no estará activa en su vida. Pero incluso si Satanás no engaña a su mente, no ataca a cuerpo o no le hace sentir impaciencia, intentará controlar su voluntad por medio del orgullo, de modo que piense y actúe independientemente de la santa voluntad de Dios.

Recuerdo a una joven que me hizo una consulta sobre su matrimonio. Yo era su pastor, y la había prevenido contra el riesgo que suponía casarse con un inconverso. El joven con el que ella estaba saliendo no era cristiano; de hecho, ni siquiera era lo que podríamos llamar un caballero. Yo le había sugerido a ella versículos como 2 Corintios 6:14-18 y 1 Corintios 7:39, pero ella no se mostró muy interesada. Al final me gritó, mientras salía por la puerta de mi despacho: "¡Me da igual lo que usted diga! ¡Me da igual lo que diga la Biblia! ¡Pienso casarme con él!" Y lo hizo, y las últimas noticias que tuve de ella es que ya no pertenece a ninguna iglesia ni sirve al Señor. Actuó con independencia de la voluntad de Dios.

Cada vez que actuamos en desobediencia a esa voluntad divina, manifestamos orgullo e independencia. Puede que no se trate de un asunto tan importante como el matrimonio, sino estar en relación con algo que consideramos trivial y poco importante. *Pero todo lo que sucede en nuestra vida es importante para Dios.* En su Palabra hallamos preceptos, principios y promesas que nos guían cuando buscamos su voluntad. Por supuesto, esto no quiere decir que tengamos que volvernos fanáticos sobre este punto, y dejar de tomar decisiones sobre la base del sentido común y la dirección del Espíritu. Recuerdo a un compañero de estudios en el seminario que casi se vuelve loco porque oraba preguntándole a Dios qué debía tomar para el desayuno, por qué esquina cruzar una calle y qué libro debía ser el próximo que estudiara. En nuestra vida puede haber situaciones en las que orar por estos asuntos sea tremendamente importante, pero no es lo más normal. A medida que caminamos con el Señor, aprendemos también a discernir su voluntad en materias que no son demasiado trascendentes.

Dios concedió a David casi diez meses en los que podía arrepentirse y decidir no hacer el censo, pero él decidió mantener su intención firmemente. Este sutil pecado del orgullo se alimenta constantemente a sí mismo, y cada vez es más fuerte. David no era culpable de los "deseos de los ojos" (como cuando miró a Betsabé), o de "los deseos de la carne" (como cuando cometió adulterio con ella); pero era culpable de "la vanagloria de la vida" (véase 1 Jn. 2:15-17). El orgullo significa que actuemos independientemente de Dios o, peor aún, que intentemos *utilizar a Dios* para conseguir nuestros propósitos egoístas. ¡Dios se convierte en nuestro esclavo celestial, al que decimos lo que debe hacer!

Un hombre me hizo una llamada telefónica a larga distancia para consultarme su problema. Me había oído hablar por la radio, y pensaba que quizá podría ayudarle. Había hecho un negocio poco claro en el mercado de valores, había perdido bastante dinero, y quería saber cómo salir del problema en el que se había metido. Lo único que pude sugerirle era que confesara su problema al Señor y a toda persona que estuviera involucrada, y le pidiera a Dios la gracia necesaria para comenzar de cero. Había actuado con independencia de la voluntad de Dios, había ignorado las advertencias bíblicas en contra del engaño y el hurto, y ahora debía padecer las dolorosas consecuencias. Cuando nos rebelamos contra Dios, y actuamos por nuestra cuenta, no podemos esperar que venga corriendo a rescatarnos. Dios, en su gracia, perdona nuestros pecados, pero Dios, en su gobierno, permite que el pecado siga su curso y produzca sus resultados naturales. No hay forma de eludir el hecho de que cosechamos lo que sembramos.

David sabía esto, lo cual explica por qué no intentó escabullirse del asunto en el que él mismo se había enredado. ¡Setenta mil israelitas muertos! ¡La mano del juicio divino contra su propio pueblo! Cuanto más alta es la posición espiritual en que se encuentre una persona, más afectarán sus pecados a otras personas. El adulterio de David afectó a su familia y, hasta cierto punto, a la nación, pero su censo del pueblo dio pie a una verdadera crisis nacional.

Una de las lecciones más importantes que debe aprender el creyente es que no puede independizarse de Dios. Necesita la provisión divina para sustentarle físicamente, y necesita la voluntad y Palabra divinas para hacerlo espiritualmente. El éxito, la alabanza de los hombres, incluso la bendición de Dios, pueden inflar tanto el ego que lleguemos a pensar que nos las podemos arreglar sin Dios. Hablando del rey Uzías, la Biblia dice lo siguiente:

> *Y su fama se extendió lejos, porque fue ayudado maravillosamente, hasta hacerse poderoso. Mas*

cuando ya era fuerte, su corazón se enalteció para su ruina; porque se rebeló contra Jehová su Dios. 2 Cr. 26:15-16

Moisés hizo esta misma advertencia al pueblo de Israel.

Cuando Jehová tu Dios te haya introducido en la tierra que juró a tus padres Abraham, Isaac y Jacob que te daría . . . cuídate de no olvidarte de Jehová, que te sacó de la tierra de Egipto, de casa de servidumbre. Dt. 6:10, 12

No nos sorprende que el apóstol Pablo estuviera agradecido por el "aguijón" que tenía en su carne.

Porque cuando soy débil, entonces soy fuerte. 2 Co. 12:10

¡Tenga cuidado cuando piense que ya ha llegado! ¡Cuidado cuando piense que es usted muy importante, que Dios no se las podría arreglar sin usted! ¡Cuidado cuando empiece a arrebatarle a Dios la gloria que solo le pertenece a Él!

¿Cuál es su defensa?

4. Su defensa: el Espíritu de Dios que mora en usted

El orgullo es un arma tan poderosa, y Satanás un enemigo tan fuerte, que solo un poder superior nos podrá conceder la victoria. Ese poder proviene del Espíritu Santo de Dios.

> *Por tanto, amados míos, como siempre habéis obedecido, no como en mi presencia solamente, sino mucho más ahora en mi ausencia, ocupaos en vuestra salvación con temor y temblor, porque Dios es el que en vosotros produce así el querer como el hacer, por su buena voluntad.* Fil. 2:12-13

Solo Dios Espíritu Santo, obrando en usted, es capaz de controlarle y capacitarle para complacer a Dios Padre.

"Ocuparse en la salvación" no quiere decir "ocuparse *para* salvarse". La salvación es un regalo, comprado por la sangre de Cristo. "Ocuparnos" en nuestra propia salvación significa completar la carrera que es la vida cristiana, alcanzar en carácter y conducta lo que Dios ha planeado para nosotros. El término griego significa "seguir adelante hacia la meta, llevar hasta la conclusión final". Dios tiene un plan específico para cada vida, y debemos cooperar con Él para cumplirlo. Según Efesios 2:8-10, en la vida cristiana hay tres "obras":

> *Porque por gracia sois salvos por medio de la fe; y esto no de vosotros, pues es don de Dios; no por obras, para que nadie se gloríe. Porque somos hechura suya, creados en Cristo Jesús para buenas obras, las cuales Dios preparó de antemano para que anduviésemos en ellas.*

La primera obra que menciona Pablo es la *salvación*: la obra que Dios hace *por* nosotros. Jesucristo completó esta obra en la cruz.

> *Yo te he glorificado en la tierra; he acabado la obra que me diste que hiciese.* Jn. 17:4

> *Cuando Jesús hubo tomado el vinagre, dijo: Consumado es. Y habiendo inclinado la cabeza, entregó el espíritu.* Jn. 19:30

> *. . . pero Cristo, habiendo ofrecido una vez para siempre un solo sacrificio por los pecados, se ha sentado a la diestra de Dios.* He. 10:12

Todas las demás cosas que Dios haga en su vida se fundamentan en esta obra acabada por Cristo.

La segunda obra es la *santificación*: la obra que Dios hace *en* nosotros. La salvación es solo el principio; debe ir seguida de un crecimiento y desarrollo espiritual.

> *Antes bien, creced en la gracia y el conocimiento de nuestro Señor y Salvador Jesucristo.* 2 P. 3:18

Esto nos lleva a la tercera obra: el *servicio*, la obra que Dios hace *por medio de* nosotros. Dios obra *en* nosotros para poder actuar *por medio de* nosotros, consiguiendo así los objetivos que ha dispuesto *para* nosotros. No es necesario que nos inventemos cosas que hacer para Dios: Él ya tiene un plan perfecto para nuestra vida y obras específicas que quiere que llevemos a cabo para su gloria.

¿Cómo obra Dios *en* nosotros? Por medio de su Espíritu Santo. Pero, ¿qué debemos hacer para permitir que el Espíritu obre en nosotros? La respuesta a esta pregunta la hallamos en dos de los versículos más conocidos de la Biblia, Romanos 12:1-2.

> *Así que, hermanos, os ruego por las misericordias de Dios, que presentéis vuestros cuerpos en sacrificio*

> *vivo, santo, agradable a Dios, que es vuestro culto racional. No os conforméis a este siglo, sino transformaos por medio de la renovación de vuestro entendimiento, para que comprobéis cuál sea la buena voluntad de Dios, agradable y perfecta.*

El Espíritu Santo puede obrar en su cuerpo cuando le somete éste, junto con su mente y su voluntad.

¡Pero estas son precisamente las áreas que Satanás desea atacar! Quiere atacar su *cuerpo* con el sufrimiento, para hacer que a usted le impaciente la voluntad de Dios. Quiere atacar su *mente* con mentiras, para hacerle ignorante de la voluntad divina. Y quiere atacar su *voluntad* con el orgullo, para hacerle independiente de esa voluntad.

Si usted somete estas tres áreas de su vida, diariamente, al Espíritu de Dios, entonces Él le capacitará para vencer al diablo. Como Espíritu de gracia, le concederá gracia a su cuerpo, de manera que pueda soportar el sufrimiento para la gloria de Dios. Como Espíritu de sabiduría, le enseñará la Palabra de Dios, y hará que su mente la recuerde cuando Satanás le ataque con sus mentiras. Y como Espíritu de poder, le capacitará para decirle "¡No!" al orgullo. El Espíritu Santo obrará en usted y por medio de usted para vencer al maligno.

Recuerde: en la batalla contra Satanás, la única forma de vencer es rindiéndose, pero rindiéndose a Dios.

> *Por esto dice: Dios resiste a los soberbios, y da gracia a los humildes. Someteos, pues, a Dios; resistid al diablo, y huirá de vosotros.* Stg. 4:6-7

Permítame que sea muy práctico al hablar del tema de la entrega cristiana. El verbo "presentad" en Romanos 12:1 tiene el significado de "entregar de una vez y para siempre". Para ser un creyente entregado, usted no tiene por qué seguir transitando por el pasillo de la iglesia, repitiendo su decisión una y otra vez. Entregue de una vez por todas a Dios su cuerpo, su mente y su voluntad. Pero lo que sí es bueno es reafirmar esa entrega al principio de cada día. Cuando se despierte por la mañana, entregue inmediatamente su cuerpo a Dios como un acto de fe, y demuestre que siente lo que dice *saliendo de la cama.* La disciplina al levantarse por la mañana forma parte de la victoria espiritual.

El siguiente paso es el de tomar su Biblia y presentar su mente a Dios, para que la renueve. Lo que renueva y transforma la mente es la Palabra de Dios. Si no sigue un método para leerla, consiga uno. Personalmente, me gusta leer la Biblia cada día de una forma directa, pero sin concederme un tiempo límite. Comienzo en Génesis 1, el Salmo 1 y Mateo 1, y sigo leyendo. Hay algunos días cuando leo y medito solamente unos pocos versículos; otros días, leo los tres capítulos enteros. No tengo prisa, ni intento establecer récords. Mi propósito es el de meditar en la Palabra de Dios de modo que su Espíritu pueda transformar mi mente haciéndola más espiritual.

Una vez haya entregado a Dios su cuerpo (y haya salido de la cama) y su mente (meditando en la Palabra de Dios), el siguiente paso es entregarle su voluntad, y esto se hace mediante la oración. La Palabra de Dios y la oración siempre van juntas.

> *Y nosotros persistiremos en la oración y en el ministerio de la palabra.* Hch. 6:4

> *Si permanecéis en mí, y mis palabras permanecen en vosotros, pedid todo lo que queréis, y os será hecho.* Jn. 15:7

Si usted se limita a leer la Palabra, sin orar, tendrá luz sin calor; pero si ora sin leer la Palabra, correrá el peligro de convertirse en un fanático: calor sin luz, o "celo de Dios, pero no conforme a ciencia" (Ro. 10:2). Lo más importante de la oración es someter su voluntad a la de Dios respecto a todos aquellos puntos por los que ore.

Cuando haya dado estos tres pasos, se habrá entregado totalmente al Señor: cuerpo, mente y voluntad. El Espíritu de Dios podrá actuar en usted y concederle la victoria. El Espíritu Santo utiliza la Palabra.

> *Por lo cual también nosotros sin cesar damos gracias a Dios, de que cuando recibisteis la palabra de Dios que oísteis de nosotros, la recibisteis no como palabra de hombres, sino según es en verdad, la palabra de Dios, la cual actúa en vosotros los creyentes.* 1 Ts. 2:13

> *Y a Aquel que es poderoso para hacer todas las cosas mucho más abundantemente de lo que pedimos o entendemos, según el poder que actúa en nosotros . . .* Ef. 3:20

Cuando el Espíritu de Dios obra en nosotros, produce *humildad*, no orgullo. La humildad no consiste en tener un concepto pobre de nosotros mismos ("¡No valgo nada! ¡Soy un inútil!") La humildad consiste ¡en no pensar en absoluto en nosotros! El cristiano debe ser honesto consigo mismo y con Dios. Por eso Romanos 12:3 aparece en la Biblia.

> *Digo, pues, por la gracia que me es dada, a cada cual que está entre vosotros, que no tenga más*

> *alto concepto de sí que el que debe tener, sino que piense de sí con cordura, conforme a la medida de fe que Dios repartió a cada uno.*

Cuando Dios llamó a Moisés para que fuera a Egipto a liberar a Israel, éste discutió con la deidad. Protestó diciendo que era lento al hablar, y que no podría cumplir la misión. ¿Era esto humildad por parte de Moisés? ¡Por supuesto que no! Era orgullo; de hecho, era el peor tipo de orgullo: la falsa modestia. La persona que es verdaderamente humilde tiene estas características: (1) se conoce a sí mismo; (2) se acepta a sí mismo; (3) se entrega a Dios; (4) intenta mejorar para servir mejor a Dios. El hombre humilde se da cuenta de que todo lo que tiene proviene de Dios, a quien debe devolvérselo. Juan el Bautista dijo:

> *No puede el hombre recibir nada, si no le fuere dado del cielo.* Jn. 3:27

Y Pablo hizo eco de esta verdad:

> *Porque ¿quién te distingue? ¿o qué tienes que no hayas recibido? Y si lo recibiste, ¿por qué te glorías como si no lo hubieras recibido?* 1 Co. 4:7

Jactarnos de nuestros dones es pecado, porque Dios nos los concedió, de modo que no podemos apropiarnos del mérito. Pero *negar* nuestros dones también es un pecado. Debemos aceptar nuestros dones y afirmarlos para gloria de Dios. No debemos pensar que somos más de lo que somos, ¡pero tampoco *menos*!

De modo que cuando Satanás venga con el orgullo para

atacar su voluntad, sométase inmediatamente al Espíritu Santo, y déjele que obre en usted para producir humildad y sumisión delante de Dios. No intente ir más allá de sus dones, o de la fe que tiene para ejercerlos. Satanás puede utilizar las cosas *espirituales* para hacer que usted se sienta orgulloso: su habilidad para enseñar o predicar la Palabra; su vida de oración; su éxito a la hora de dar testimonio y captar almas.

Puede que la siguiente historia sea apócrifa, pero sirve para ilustrar la idea. Un famoso hombre de negocios cristiano estaba visitando una iglesia, y le pidieron que les dirigiera unas palabras. Y, contando lo que Dios había hecho por él, se dejó llevar. "Tengo un buen negocio, una casa grande, una familia estupenda, cierta fama, bastante dinero como para hacer las cosas que quiero hacer y para poder contribuir a la iglesia. Tengo buena salud, y muchísimas posibilidades. Hay muchas personas que se cambiarían sin dudarlo por mí. ¿Qué más me podría conceder Dios?" Y alguien gritó, desde el fondo del auditorio: "¡Una buena dosis de humildad!"

> *Humillaos delante del Señor, y él os exaltará.*
> Stg. 4:10

El Acusador

CAPÍTULO CUATRO

EL ACUSADOR

Entonces oí una gran voz en el cielo, que decía: Ahora ha venido la salvación, el poder, y el reino de nuestro Dios, y la autoridad de su Cristo; porque ha sido lanzado fuera el acusador de nuestros hermanos, el que los acusaba delante de nuestro Dios día y noche. Ap. 12:10

Y al que vosotros perdonáis, yo también . . . para que Satanás no gane ventaja alguna sobre nosotros; pues no ignoramos sus maquinaciones. 2 Co. 2:10-11

Porque la tristeza que es según Dios produce arrepentimiento para salvación, de que no hay que arrepentirse; pero la tristeza del mundo produce muerte. 2 Co. 7:10

Supongamos que el creyente no acepta las ventajas que le ofrece su posición victoriosa en Cristo. Supongamos que se niega a utilizar las defensas espirituales que se le ofrecen. *Supongamos que el creyente peca.* Entonces, ¿qué sucede?

Podríamos pensar que Satanás, una vez ha conseguido que la persona peque, le deja padecer las consecuencias, pero no es esto lo que sucede. Satanás tiene una estratagema más que puede hacer que el cristiano desobediente se sienta *doblemente derrotado*. Leemos acerca de ella en Zacarías 3.

> *Me mostró al sumo sacerdote Josué, el cual estaba delante del ángel de Jehová, y Satanás estaba a su mano derecha para acusarle. Y dijo Jehová a Satanás: Jehová te reprenda, oh Satanás; Jehová que ha escogido a Jerusalén te reprenda. ¿No es éste un tizón arrebatado del incendio?*
> *Y Josué estaba vestido de vestiduras viles, y estaba delante del ángel. Y habló el ángel, y mandó a los que estaban delante de él, diciendo: Quitadle esas vestiduras viles. Y a él le dijo: Mira que he quitado de ti tu pecado, y te he hecho vestir de ropas de gala. Después dijo: Pongan mitra limpia sobre su cabeza. Y pusieron una mitra limpia sobre su cabeza, y le vistieron las ropas. Y el ángel de Jehová estaba en pie.*
> *Y el ángel de Jehová amonestó a Josué, diciendo: Así dice Jehová de los ejércitos: Si anduvieres por mis caminos, y si guardares mi ordenanza, también tu gobernarás mi casa, también guardarás mis atrios, y entre éstos que* aquí *están te daré lugar.*

1. El objetivo de Satanás: su corazón y su conciencia

Esta escena, a diferencia de las otras tres que hemos considerado, tiene lugar en el cielo. El escenario es el propio de un tribunal: Dios es el Juez, el sumo sacerdote; Josué, el acusado; y Satanás el fiscal que está intentando condenarle. Parece ser que el diablo tiene un fundamento para la acusación, porque Josué está vestido con ropas sucias, y un sumo sacerdote debía llevar siempre vestiduras limpias. El profeta Zacarías tuvo esta visión en un momento en que el pueblo de Israel había pecado contra el Señor. El pueblo había regresado a Palestina después de la cautividad en Babilonia, y existía la esperanza de que la nación obedeciera a Dios y le sirviera. Pero, por triste que sea decirlo, no habían aprendido la lección. Cuando leemos los libros de Esdras y Nehemías, y las profecías de Zacarías, Hageo y Malaquías, descubrimos que los judíos se estaban divorciando de sus esposas casándose luego con paganas; que los mercaderes judíos imponían a sus compatriotas unas tarifas de cambio exorbitantes; y que incluso los principales sacerdotes estaban robando a Dios, guardando para sí la mejor parte de los sacrificios.

Esto explica por qué los ropajes sacerdotales de Josué estaban sucios. Él representaba al pueblo ante Dios, y aquel pueblo era pecador. Satanás lo sabía, y le insistía a Dios que había que juzgar a Israel. Podemos imaginarnos los argumentos de Satanás:

"¿Te has fijado en tus siervos en Israel, que son un pueblo rebelde y desobediente? Los castigaste llevándolos a Babilonia, con la esperanza de enseñarles obediencia. Ahora han regresado a su tierra, gracias a tu bondad, ¡y vuelven a desobedecerte! Tú eres un Dios santo, y se supone que Israel es un pueblo santo. Si eres tan santo como afirmas ser, debes juzgar a Israel. Si no los juzgas, es que no eres fiel a tu propia naturaleza o a tu propia ley. ¡Israel es culpable!"

¿Cómo creen que Josué se sentiría a lo largo de todo este juicio? Es evidente que tendría el corazón partido y la conciencia tremendamente dolorida. ¿Qué defensa podía presentar?

Cuando usted y yo hemos desobedecido a Dios, Satanás pasa a ese ataque final. Nos ataca en nuestro corazón y nuestra conciencia. "¿Así que eres cristiano?", se burla. "¡Pues no eres un cristiano muy bueno! Vas a la iglesia, lees la Biblia, incluso intentas servir al Señor. ¡Y mira lo que has hecho ahora! Si tus amigos de la iglesia supieran qué tipo de persona eres en realidad, ¡te dejarían de lado!"

Fíjese en lo sutil e inmisericorde que es Satanás. *Antes* de que pequemos (cuando nos está tentando) susurra: "¡Pero si no pasará nada!" Entonces, una vez hemos pecado, nos grita: "¡*Jamás* podrás librarte de las consecuencias!"

¿Ha escuchado alguna vez esta funesta voz en su corazón y su conciencia? ¡Es suficiente como para que un cristiano se entregue a la desesperación!

2. El arma de Satanás: la acusación

Cuando Satanás le habla a usted de Dios, miente. Pero cuando le habla a Dios de usted, ¡a veces dice la verdad! Él es el "acusador de nuestros hermanos". Tiene acceso al cielo, al mismísimo trono de Dios, y es desde allí desde donde recuerda a Dios la condición en que se hallan sus santos. Usted y yo conocemos esas acusaciones, porque las sentimos en nuestro propio corazón y conciencia.

"¡Fíjate en lo que acaba de hacer Abraham! ¡Ha mentido acerca de su esposa!"

"Pero ¿has visto lo que ha hecho David? Ha cometido adulterio con la mujer de su vecino, *¡y luego lo ha hecho matar!* ¡Júzgalo! ¡Júzgalo!"

"¿Estabas escuchando eso, Dios? Sí, sí, cuando Pedro ha maldecido y jurado, cuando ha negado a tu Hijo tres veces . . . ¿Vas a dejar que se escape sin castigo?"

Es importante que aprendamos a distinguir entre las acusaciones de Satanás y cuando el Espíritu nos convence de pecado. Una sensación de culpabilidad y vergüenza es buena *si proviene del Espíritu de Dios.* Si escuchamos al diablo, lo único que conseguiremos es acabar en medio de las lamentaciones, el remordimiento y la derrota.

Cuando el Espíritu divino le convence de pecado, utiliza la Palabra de Dios con amor, intentando que usted regrese a la comunión con su Padre. Cuando Satanás le acusa, utiliza los pecados que usted haya cometido de una forma cargada de odio, e intenta que se sienta indefenso y sin esperanza. Judas escuchó al diablo, salió a la ciudad y se ahorcó. Pedro contempló el rostro de Jesús y lloró amargamente, pero luego volvió a tener comunión con Él.

Cuando escuchamos las acusaciones del diablo (todas las cuales pueden ser ciertas), nos hacemos vulnerables al desespero y a la parálisis espiritual. He oído a más de un cristiano quejarse: "¡Estoy en una situación límite!" o "He ido demasiado lejos . . . el Señor jamás podría volver a aceptarme". Cuando tenga este sentimiento de falta de protección, de desesperanza, puede estar seguro de que Satanás le está acusando.

3. El propósito de Satanás: provocar una condena por la voluntad de Dios

Satanás desea que nos sintamos culpables. Quiere que experimentemos el dolor y el remordimiento, *pero no el arrepentimiento*. Quiere seguir acusándonos para que centremos la atención *en nosotros mismos y en nuestro pecado*. Si alguna vez apartamos la vista y la enfocamos por fe en Jesucristo, nos arrepentiremos, confesaremos nuestro pecado y nos sentiremos restaurados y reintegrados a la comunión con Dios. Mientras nos sintamos culpables, estaremos bajo acusación, y nos apartaremos cada vez más del Señor. La verdadera convicción del Espíritu hará que se acerque más a Él.

Recuerdo una conversación telefónica que tuve con una señora cristiana que durante muchos años había vivido bajo esa sensación de acusación. Me había escuchado hablar en la radio y me llamó para pedirme ayuda. No sé su nombre, pero sé que su caso es típico de muchos cristianos.

Ella me contó: "Cuando era adolescente, caí en un pecado verdaderamente terrible. Unos años después, fui salva. Ahora estoy casada y tengo una familia. El otro día el pastor me pidió que diera clases en la escuela dominical, y me gustaría hacerlo, pero mi pasado me sigue angustiando. No es la primera vez que me piden que enseñe, pero siempre he recurrido a alguna excusa. ¿Tengo que seguir viviendo así durante el resto de mi vida?"

Le pedí que tomara su Biblia y juntos (aunque por teléfono) leímos los versículos que quiero explicarle a usted en la siguiente sección de este estudio. No pasó mucho tiempo antes de que se estuviera regocijando en la forma en que Dios disipaba sus sentimientos de culpa. Confío en que hoy en día ella sigue sirviendo al Señor.

Satanás quiere que usted se sienta culpable. Su Padre celestial desea que se sienta perdonado. Satanás sabe que si usted vive bajo la oscura nube de la culpa, no será capaz de dar un testimonio efectivo o servir al Señor con poder y bendición. Por triste que sea decirlo, hay muchas iglesias especializadas en la culpa. Parece ser que creen que si un cristiano no se va a casa después de un culto sintiéndose un fracasado, es que ese culto no le ha supuesto una bendición. Una señora me escribía diciendo: "Cada vez que voy a la iglesia, el pastor nos vapulea. ¿Qué podemos hacer?" No cabe duda de que hay un lugar para la verdadera convicción espiritual, pero no debemos especializarnos en ella. Hacerlo supone caer en las manos del diablo.

Pablo se encontró con una situación parecida en la iglesia de Corinto. Uno de sus miembros había caído en el pecado, rehusando luego arrepentirse y arreglar las cosas con Dios y con la iglesia. En 1 Corintios 5, Pablo pidió a la iglesia que disciplinara a aquel hombre; al parecer, lo hicieron, porque Pablo escribió:

> *Le basta a tal persona esta reprensión hecha por muchos.* 2 Co. 2:6

Al principio, cuando se detectó ese pecado, los creyentes corintios fueron muy complacientes y rehusaron actuar. La carta de Pablo influyó en ellos y les hizo volver al sentido común; pero se fueron al otro extremo, ¡y se lo pusieron tan difícil al pecador que no querían perdonarle! De modo que Pablo tuvo que aconsejarles diciendo:

> *. . . así que, al contrario, vosotros más bien debéis perdonarle y consolarle, para que no sea consumido*

de demasiada tristeza. Por lo cual os ruego que confirméis el amor para con él . . . para que Satanás no gane ventaja alguna sobre nosotros; pues no ignoramos sus maquinaciones.
2 Co. 2:7-8, 11

Una culpa y una tristeza excesivas solo conducen a la depresión, la desesperación y la derrota. A veces conducen a la destrucción; incluso hay casos de cristianos que han intentado suicidarse para escapar a la acusación satánica.

Entonces, ¿cuál es nuestra defensa frente a las acusaciones del diablo?

4. Su defensa: el Hijo de Dios, el intercesor

Es cierto que Satanás está a nuestra derecha, para resistirnos y acusarnos. ¡Pero también es cierto que Jesucristo está *a la diestra de Dios* para interceder por nosotros!

Hijitos míos, estas cosas os escribo para que no pequéis; y si alguno hubiere pecado, abogado tenemos para con el Padre, a Jesucristo el justo.
1 Jn. 2:1

Nuestro Señor acabó su obra en la tierra y regresó a los cielos para continuar su obra inconclusa. ¿Y cuál es? Perfeccionar a sus hijos preparándoles para la gloria.

Y el Dios de paz que resucitó de los muertos a nuestro Señor Jesucristo, el gran pastor de las

> *ovejas, por la sangre del pacto eterno, os haga aptos en toda obra buena para que hagáis su voluntad, haciendo él en vosotros lo que es agradable delante de él por Jesucristo; al cual sea la gloria por los siglos de los siglos. Amén.* He. 13:20-21

Este ministerio de perfeccionamiento tiene dos facetas. Como nuestro Sumo Sacerdote, Jesucristo intercede por nosotros y nos ofrece la gracia que necesitamos cuando somos probados y tentados. Si nos volvemos a Él, por fe, y nos acercamos al trono de la gracia, Él nos conducirá a la victoria. Pero si cedemos a la tentación y al pecado, entonces Él ejerce como nuestro abogado para perdonarnos y restaurarnos a la comunión una vez más.

> *Si confesamos nuestros pecados, él es fiel y justo para perdonar nuestros pecados, y limpiarnos de toda maldad.* 1 Jn. 1:9

Volvamos a imaginarnos la escena de aquel juicio en los cielos. Dios el Juez está sentado en su trono. El sumo sacerdote Josué está delante de Dios, vestido con ropas inmundas. Es culpable. Satanás está a la derecha de Josué, para oponérsele y acusarle. *Pero Jesucristo está a la derecha de Dios, ¡para representar a Josué y restaurarle!* Esto explica por qué Jesús volvió a los cielos con heridas (no cicatrices) en su cuerpo. Esas heridas son la evidencia perpetua de que murió por nosotros. Dios fue misericordioso y manifestó su gracia para salvarnos cuando pusimos nuestra confianza en Cristo, pero es "fiel y justo" para perdonarnos cuando le confesamos nuestros pecados. Es *fiel* para cumplir su promesa, y *justo* porque

Cristo murió por nuestros pecados y pagó el precio de nuestro perdón. Como pecadores, somos salvos de la ira de Dios por su gracia y misericordia. Como hijos de Dios que le han desobedecido, somos perdonados por la fidelidad y justicia divinas.

¿Cerró Dios los ojos ante la realidad del pecado de Josué? ¡Claro que no! Dios nunca defenderá los pecados de sus hijos, *pero sí los defenderá a ellos.* Cuando Abraham desobedeció y se fue a Egipto, mintiendo allí en lo tocante a su esposa, Dios no defendió los pecados de Abraham, pero sí a él. Impidió que el gobernador mancillara a Sara, y ayudó a Abraham a salir a salvo del país. Abraham padeció las consecuencias de aquella aventura, porque Egipto hizo que Lot probara lo que era el mundo, lo cual le condujo a su ulterior abandono de Dios y su caída. La doncella egipcia, Agar, que trajo Sara consigo, originó problemas en el hogar, y al final tuvo que ser expulsada. Pero Dios seguía gobernando, y superó el gobierno del mundo, para cumplir sus propósitos con Abraham y Sara.

Cuando prestamos oído a las acusaciones de Satanás, centramos nuestra atención en nosotros mismos y en nuestros pecados; lo cual nos llevará a la derrota y el desespero. Pero cuando prestemos oído al Espíritu Santo que nos convence de pecado, miraremos por fe a Jesucristo, allá en los cielos, nuestro abogado delante del trono de Dios. Recordaremos que murió por nuestros pecados y que Dios no nos puede rechazar, porque pertenecemos a Cristo. Es debido a la intercesión celestial del Hijo de Dios por lo que usted y yo podemos echar por tierra las acusaciones de Satanás.

Démonos cuenta de cuáles fueron las fases de la experiencia de Josué, el sumo sacerdote. Primero, vemos *la oposición de Satanás*. El acusador enumera los pecados de Josué delante del trono de Dios, y le pide que, siendo como es santo, éste juzgue al pecador. La fase dos es *la reprensión divina a Satanás.*

> *Y dijo Jehová a Satanás: Jehová te reprenda, oh Satanás; Jehová que ha escogido a Jerusalén te reprenda. ¿No es éste un tizón arrebatado del incendio?* Zac. 3:2

Seamos conscientes de que la reprensión a Satanás se basa en *la gracia divina hacia su pueblo.* Usted y yo hemos sido salvos por gracia. La gracia de Dios no depende de los méritos humanos. Jesucristo pasó por los fuegos del juicio para poder salvarnos de sus llamas. Nuestra relación con Dios no se basa en la ley o el mérito; se basa plenamente en la gracia. La gracia significa que Dios nos acepta en Jesucristo, no por nosotros mismos.

La tercera fase es *la restauración de Josué.* Dios les ordenó que le quitaran aquellas ropas sucias y lo vistieran con ropajes santos. Incluso le puso una "mitra" limpia sobre la cabeza, aquella que tenía una placa de oro que decía "Santidad a Jehová" (véase Éxodo 28:36). ¡Dios ni siquiera le concedió la libertad condicional! ¡Le dijo que regresara al templo y siguiera con su servicio al Señor!

Oposición, reprensión, restauración: estos son los tres estadios en la experiencia de confesión de los pecados, regresando luego a la comunión con Dios. Satanás le acusará, pero no le preste atención. Vuélvase por fe a Jesucristo, su abogado, y confiésele sus pecados. Dependa de lo que dice la Palabra de Dios, no de sus sentimientos. Descanse en la gracia de Dios, porque Él le ha escogido y no piensa abandonarle. Carlos Wesley expresó estas cosas en un hermoso himno.

¡Misericordia del Señor! ¿Acaso habrá misericordia para mí, aún quedará? ¿Podrá acaso mi Dios su ira aplacar, y a mí, gran pecador, así regenerar?

Mucho tiempo a su gracia me he rebelado, mucho tiempo, cual necio, le he provocado; no quería jamás escuchar; me llamaba, mas le herí duramente cada vez que pecaba.

Señor, llévame al arrepentimiento, que por todos mis pecados haga ahora lamento; que pueda aborrecer mi rebelión fatal, que llore, que te crea, que deje de pecar.

Y a pesar de mis cuitas, mi Salvador está con sus manos llagadas, queriéndome abrazar; ¡Dios es amor! Lo sé y puedo sentirlo: Jesús llora por mí, su amor está conmigo.

El pecado no confesado en nuestra vida le ofrece a Satanás un punto de apoyo. Puede utilizar ese pecado como el fundamento de sus acusaciones. Cuanto más tiempo nos acuse, mayor parece el pecado a nuestros ojos. Se convierte en un obstáculo tan grande que tapa el rostro divino y oculta su gracia y su amor. No experimentamos sentimientos de convicción, que son los que nos hacen volvernos a Dios, sino de condenación, que nos convencen de que no podemos hacerlo. La culpa se convierte, en las manos de Satanás, en un arma terrible que destruye nuestro gozo, nuestra paz y nuestra comunión con Dios. Nuestra esperanza se desvanece. Nos engulle la desesperación. Entonces la voz de Satanás nos dice: "¡Maldice a Dios y muérete!"

¡No preste atención a la voz del diablo! Escuche en cambio la voz de Dios. Vuélvase a la Palabra y crea lo que le dice Dios. Y esté seguro de que su abogado en los cielos está esperando para perdonarle y restaurarle. Aplazar la admisión y confesión de nuestro pecado le dará a Satanás una mayor oportunidad para perjudicar nuestra vida y ministerio.

> *El que encubre sus pecados no prosperará; mas el que los confiesa y se aparta alcanzará misericordia.*
> Pr. 28:13

Un repaso y un avance

Ahora ya hemos visto el caso de esas cuatro personas del Antiguo Testamento que tuvieron un enfrentamiento directo con Satanás. A estas alturas del estudio, sería una buena idea repasar las verdades clave que hemos aprendido. El cuadro de la página siguiente puede resultarle de ayuda.

En los capítulos siguientes, hablaré de otras verdades acerca de Satanás que tienen que ver con diversas áreas de la vida: el hogar, la iglesia, vivir por fe, etc. Esos capítulos se basan en el material que ya hemos estudiado. Su propósito es el de relacionar esas verdades de una forma práctica con la vida cotidiana y el ministerio de los creyentes.

Personaje	Eva	Job	David	Josué
El objetivo de Satanás	la mente	el cuerpo	la voluntad	el corazón y la conciencia
El arma de Satanás	las mentiras	el sufrimiento	el orgullo	la acusación
El propósito de Satanás	ignorante de la voluntad de Dios	impaciente con la voluntad de Dios	independiente de la voluntad de Dios	condenación por la voluntad de Dios
Su defensa	la Palabra inspirada de Dios	la gracia impartida por Dios	el Espíritu de Dios que mora en usted	la intercesión del Hijo de Dios

CAPÍTULO CINCO

VIVAMOS POR LA FE EN DIOS

Todas las personas de este mundo viven por fe. La diferencia entre los cristianos y los inconversos no estriba en el *hecho* de la fe, sino en su *objeto*. La persona que no es salva confía en sí misma y en otras personas; el cristiano confía en Dios. El secreto de la victoria y del ministerio es la fe en Dios. Si usted abriga alguna duda de que Dios honra la fe que tenemos en Él, lea Hebreos 11. De hecho, uno de los mayores problemas que tiene Dios con sus hijos es el desarrollo de su fe.

Satanás sabe esto, motivo por el cual ataca la fe del creyente. Las palabras de Pablo a los jóvenes cristianos de Tesalónica ilustran este punto:

> *Por lo cual, no pudiendo soportarlo más, acordamos quedarnos solos en Atenas, y enviamos a Timoteo nuestro hermano, servidor de Dios y colaborador nuestro en el evangelio de Cristo, para confirmaros y exhortaros respecto a vuestra fe . . . Por lo cual también yo, no pudiendo soportar más, envié para informarme de* vuestra fe, *no sea que*

> *os hubiese tentado el tentador, y que nuestro trabajo resultase en vano. Pero cuando Timoteo volvió de vosotros a nosotros, y nos dio buenas noticias de vuestra fe y amor, y que siempre nos recordáis con cariño, deseando vernos, como también nosotros a vosotros, por ello, hermanos, en medio de toda nuestra necesidad y aflicción fuimos consolados de vosotros por medio de vuestra fe . . . orando de noche y de día con gran insistencia, para que veamos vuestro rostro, y completemos lo que falte a vuestra fe.* 1 Ts. 3:1-2, 5-7, 10

Según Romanos 1:17, se supone que el cristiano debe vivir "por la fe". Cuando leemos la vida de Abraham, en Génesis 12-25, vemos que todo lo que hizo Dios iba destinado a perfeccionar la fe de Abraham. Se trata de un principio espiritual.

> *Conforme a vuestra fe os sea hecho.* Mt. 9:29

Cada vez que Dios obra en y a través de su vida, lo hace como respuesta a la fe. Aquello que obstaculiza la obra de Dios no es su falta de poder, sino la falta de fe entre sus hijos.

> *Y no hizo allí muchos milagros, a causa de la incredulidad de ellos.* Mt. 13:58

> *Y estaba asombrado de la incredulidad de ellos.* Mr. 6:6

Esto suscita la importante pregunta: "¿Cómo puede *saber* el creyente que está viviendo por fe?" Es tremendamente fácil que nuestros propios sentimientos nos engañen ("¡Pero si *parecía correcto* hacerlo!") o que nos motiven las circunstancias que nos rodean, o Satanás y sus poderes demoníacos. ¿Hay alguna prueba que pueda aplicar el cristiano a sus decisiones y acciones para determinar si camina o no por fe? Sí, hay cuatro pruebas prácticas.

Prueba 1: "¿Estoy haciendo esto para la gloria de Dios o solo por complacerme?"

> *Tampoco dudó, por incredulidad, de la promesa de Dios, sino que se fortaleció en fe, dando gloria a Dios.* Ro. 4:20

Abraham y Sara habían superado con creces la edad de tener hijos, y sin embargo Dios les prometió uno. Creo que era G. B. Meyer el que solía decir: "Nunca confiamos de verdad en Dios hasta que creemos que es capaz de hacer lo imposible". Es evidente que el hecho de que Abraham engendrara un hijo, y que Sara diera a luz, sería imposible *de no contar con Dios.*

> *. . . porque nada hay imposible para Dios.* Lc. 1:37

> *Para los hombres esto es imposible; mas para Dios todo es posible.* Mt. 19:26

No fue la fe que Abraham ponía en la fe lo que provocó el milagro, sino *la fe en Dios*. La filosofía superficial del mundo, la que dice: "Ten fe, y todo se arreglará", es tan absurda como ineficaz. ¿Fe en qué? ¡No debe ser fe en la fe! Abraham y Sara confiaban en Dios, y Dios llevó a cabo lo que había prometido. Dado que conocía a Dios, Abraham estaba

> *plenamente convencido de que* [Dios] *era también poderoso para hacer todo lo que había prometido.*
> Ro. 4:21

Pero es importante que nos demos cuenta de los motivos que tenía Abraham en todo este asunto: *le dio la gloria a Dios.* La fe siempre le da la gloria a Dios, porque confiesa que el hombre es incapaz de conseguir nada, y que solo Dios puede hacerlo. Los cuerpos de Abraham y Sara estaban inutilizados para tener hijos, físicamente, cuando confiaron en Dios para que obrara, y fue esa actitud la que le dio la gloria a Dios.

De modo que, cada vez que esté a punto de tomar una decisión o dar un paso en su vida o ministerio cristianos, pregúntese: "¿Lo estoy haciendo únicamente para la gloria de Dios?" Si siente en su corazón alguna señal de que está añadiendo a su motivación el deseo de gloria propia, pare inmediatamente y espere la dirección del Señor. La verdadera fe está motivada únicamente por el deseo de glorificar a Dios.

Prueba 2: "¿Estoy corriendo con demasiado ímpetu, o soy capaz de esperar?" Ya hemos aprendido que la fe y la paciencia son cosas que van siempre juntas.

> *Pues la Escritura dice: Todo aquel que en él creyere, no será avergonzado.* Ro. 10:11

La cita es de Isaías 28:16:

> *He aquí que yo he puesto en Sión por fundamento*

> *una piedra, piedra probada, angular, preciosa, de cimiento estable; el que creyere, no se apresure.*

El cristiano que espera la guía divina, que espera a que Dios obre, no se sentirá decepcionado ni se apresurará. La verdadera fe no tiene prisa *hasta que Dios abre un camino*. Si se siente usted impaciente, con ganas de correr, ¡cuidado! Corre el peligro de actuar basándose en una incredulidad carnal en lugar de en la auténtica fe espiritual.

> *. . . y todo lo que no proviene de fe, es pecado.*
> Ro. 14:23

Prueba 3: "¿Puedo defender lo que voy a hacer basándome en la Palabra de Dios?" La fe auténtica siempre se fundamenta en la Palabra de Dios: la Biblia.

> *Así que la fe es por el oír, y el oír, por la palabra de Dios.* Ro. 10:17

Da lo mismo lo razonable que parezca un acto: si contradice la Palabra de Dios, no podemos hacerlo por fe. La Biblia nos ofrece preceptos que obedecer, promesas que reclamar y principios que seguir; pero, si violamos cualquiera de estas cosas, actuamos por incredulidad, no por fe. Puede que nuestros amigos nos animen, y es posible que las circunstancias parezcan sernos favorables (¡Jonás encontró un barco dispuesto a llevarle lejos!). Pero si desobedecemos la Palabra de Dios, no actuamos por fe. Esto quiere decir que Dios no nos puede bendecir o usarnos para llevar gloria a su nombre.

Prueba 4: "Cuando considero lo que voy a hacer, ¿siento gozo y paz en mi interior?"

Y el Dios de esperanza os llene de todo gozo y paz en el creer, para que abundéis en esperanza por el poder del Espíritu Santo. Ro. 15:13

Donde hallemos verdadera fe, es que el Espíritu Santo está obrando; y donde el Espíritu obra, producirá su fruto: la esperanza, el gozo y la paz. Tener la paz de Dios en su corazón es una evidencia de que está cumpliendo su voluntad. Se supone que la paz de Cristo debe "gobernar en nuestros corazones" (Col. 3:15), y ese término de "gobernar" significa, literalmente: "tener el poder absoluto". Cuando perdemos la paz de Dios en nuestro interior, podemos estar seguros de que, en algún momento, nos hemos apartado de su voluntad.

Es en esta área que el cristiano debe aprender a distinguir entre sus propias emociones humanas y la obra de Dios en su vida, que es más profunda. Dios nunca niega nuestras emociones; ciertamente, las puede usar para cumplir sus propósitos. Pero con frecuencia, cuando avanzamos solo por fe, sentimos temores y ansiedades humanas; pero, si caminamos de verdad por fe, al final esos temores serán superados por un gozo y una paz más profundas. Esta es la obra del Espíritu de Dios como respuesta a nuestra fe en la Palabra de Dios.

Una ilustración del Antiguo Testamento - Génesis 16. Es una historia muy conocida. Dios había prometido un hijo a Abraham y a Sara, pero el hijo no llegaba. A medida que esperaba, Sara se impacientó, de manera que decidió "ayudar a Dios" haciendo que su esposo se "casara" con su doncella, Agar. Fue una decisión perfectamente legal, pero no fue un paso de fe. Abraham aceptó el plan, y como resultado llegaron los problemas.

Ahora, apliquemos nuestras "cuatro pruebas de la fe" a las acciones de Abraham y Sara.

¿Se casó Abraham con Agar para glorificar a Dios? No, se casó con ella para complacer a su esposa e intentar "ayudar a Dios" a cumplir sus promesas.

Abraham y Sara, ¿estaban dispuestos a esperar? ¡Por supuesto que no! Ese era el verdadero problema: quisieron correr más que Dios, y convirtieron su hogar en un caos.

¿Podían respaldar su decisión mediante la Palabra revelada de Dios? No, no podían. Cuando leemos la vida de Abraham, descubrimos que Dios le bendijo y le utilizó cada vez que confió en la palabra divina; pero Dios tuvo que castigarle todas las veces que se le quiso adelantar. No leemos "Y vino palabra de Dios a Abraham, diciendo: Toma la doncella de tu mujer, y por medio de ella te concederé un hijo". Sus acciones no estuvieron basadas en la palabra divina.

Por último, ¿sintieron alegría y paz gracias a su decisión? ¡No, lo que vino fue tristeza y conflictos! Agar se enfrentaba a Sara, Sara echaba la culpa a Abraham y éste razonaba con Sara . . . hasta que Dios tuvo que intervenir y arreglar las cosas. ¡La nación judía sigue padeciendo hoy el error de Abraham!

Por consiguiente, aquí tenemos una situación práctica, dentro de un hogar, que ilustra la importancia que tiene andar por fe. Pasemos ahora a considerar

Una ilustración del Nuevo Testamento - Hechos 27. Una vez más, esta historia nos resulta familiar. El gobierno romano había arrestado a Pablo, llevándolo a Roma para ser juzgado. Él estaba en un barco junto con otras 275 personas, barco que al final arribó a Buenos Puertos. En este momento, Pablo (movido por el Espíritu de Dios) les advirtió que no zarparan del puerto porque eso les acarrearía peligro y destrucción. El centurión al mando, llamado Julio, tenía que tomar una decisión: "¿Nos quedamos en Buenos Puertos, o zarpamos?" Tras considerar todos los factores en juego, Julio decidió zarpar, y el resultado fue el que Pablo había predicho: el barco naufragó, y solo fue por la gracia de Dios que se salvaron las vidas de todos los pasajeros.

Apliquemos "las cuatro pruebas de la fe" a la decisión que tomó Julio.

¿Intentaba glorificar a Dios? No, en absoluto; de hecho, es muy probable que ni siquiera fuera creyente, ni le interesara la gloria de Dios. Cuando leemos el capítulo, nos da la sensación de que lo que a Julio le interesaba era acabar su misión y llevar a sus prisioneros a Roma sanos y salvos, y lo más rápido posible.

¿Estaba dispuesto a esperar? No. Estaba preocupado porque había pasado ya "el ayuno" (Hch. 27:9), y llegaría tarde a Roma.

¿Basó su decisión en la Palabra de Dios? No, rechazó esa palabra, dada a través de Pablo. En cambio, se fió de las palabras de otros.

> *Pero el centurión daba más crédito al piloto y al patrón de la nave, que a lo que Pablo decía. Y siendo incómodo el puerto para invernar, la mayoría acordó zarpar también de allí.* Hch. 27:11-12

Julio atendió a los "expertos" (el piloto y el capitán), tomó una decisión y se unió a la mayoría. Entonces se levantó "una brisa del sur" (Hch. 27:13), ¡lo cual hizo que las condiciones para navegar fueran perfectas! Zarparon, pero pronto se vieron inmersos en una tormenta, y la predicción de Pablo se cumplió.

¿Hubo gozo y paz porque Julio actuó como lo hizo? No, se levantó un viento violento que duró dos semanas, hizo naufragar el barco y destruyó por completo su carga. La brisa del sur se convirtió en un viento de tormenta, y la palabra de Dios resultó ser cierta.

Satanás y las "cuatro pruebas de la fe". Probablemente se habrá dado cuenta de que las "cuatro pruebas de la fe" son paralelas a las experiencias de las cuatro personas cuyos enfrentamientos con Satanás ya hemos estudiado.

David no actuó por fe cuando censó al pueblo, porque lo hizo para su propia gloria y no para la de Dios. El orgullo es un enemigo de la fe.

Job fue tentado a sentirse impaciente con Dios. La voluntad dispuesta a esperar en el Señor es una evidencia de la fe verdadera. La impaciencia denota incredulidad.

Eva desobedeció la palabra divina cuando comió del árbol: la fe verdadera siempre se basa en la Palabra de Dios.

Josué no disfrutaba de gozo y paz en su corazón, porque padecía las acusaciones de Satanás. La verdadera fe trae gozo y paz por medio del Espíritu Santo.

Esto quiere decir que usted y yo debemos ser capaces de utilizar las defensas que Dios nos ha proporcionado. De otro modo, Satanás debilitará y obstaculizará nuestra fe y nos tentará a dejar de confiar en Dios. Si buscamos la gloria de Dios, si esperamos en Él con paciencia, si seguimos su Palabra, y si disfrutamos en nuestro interior el gozo y la paz, entonces podemos estar seguros de vivir por fe, y de derrotar a Satanás.

CAPÍTULO SEIS

¡NO DEJE QUE SATANÁS META EL PIE EN LA PUERTA!

Si el creyente cultiva en su vida algún pecado, le está concediendo a Satanás la posibilidad de establecer una cabeza de puente en su vida, de "meter el pie en la puerta". Entonces el enemigo utilizará esa oportunidad para invadir y apoderarse de otras áreas. Pablo advierte, en Efesios 4:27: "no deis lugar al diablo". La palabra traducida como "lugar" se refiere literalmente a un lugar físico, como una ciudad o un edificio. Pero tiene la connotación de *un punto de apoyo u oportunidad, una ocasión para actuar.* La paráfrasis de Phillips de Efesios 4:27 dice: "No le concedáis al diablo semejante punto de apoyo". Usando un lenguaje militar, diríamos: "No permita que el diablo establezca una cabeza de puente".

Es interesante que leamos el pasaje entero.

> *Por lo cual, desechando la mentira, hablad verdad cada uno con su prójimo; porque somos miembros los unos de los otros. Airaos, pero no pequéis; no se ponga el sol sobre vuestro enojo, ni deis lugar al diablo. El que hurtaba, no hurte más, sino trabaje, haciendo con sus manos lo que es bueno, para que tenga qué compartir con el que padece necesidad.*

> *Ninguna palabra corrompida salga de vuestra boca, sino la que sea buena para la necesaria edificación, a fin de dar gracia a los oyentes. Y no contristéis al Espíritu Santo de Dios, con el cual fuisteis sellados para el día de la redención. Quítense de vosotros toda amargura, enojo, ira, gritería y maledicencia, y toda malicia. Antes sed benignos unos con otros, misericordiosos, perdonándoos unos a otros, como Dios también os perdonó a vosotros en Cristo.* Ef. 4:25-32

Consideremos ahora algunos de los pecados que le dan a Satanás la oportunidad que busca, e intentemos comprender por qué es así.

(1) *La mentira* (v. 25). Dado que el propio Satanás es un mentiroso, no es de extrañar que la mentira le abra la posibilidad de trabajar en nuestra vida (Jn. 8:44). Cuando creemos la verdad, el Espíritu Santo puede obrar en nuestra vida. Cuando creemos una mentira, es el diablo el que puede infiltrarse. Tenemos que prestar atención al consejo de Pablo en Filipenses 4:8:

> *Por lo demás, hermanos, todo lo que es verdadero, todo lo honesto, todo lo justo, todo lo puro, todo lo amable, todo lo que es de buen nombre; si hay virtud alguna, si algo digno de alabanza, en esto pensad.*

Pablo nos da un buen motivo para evitar el engaño: "porque somos miembros los unos de los otros". La verdad de Dios edifica al cuerpo, pero las mentiras de Satanás lo destruyen. Dado que pertenecemos los unos a los otros, también nos afectamos mutuamente. Si en mi vida hay mentiras, le influiré a usted, como miembro de su cuerpo. Dado que Dios es el Dios de verdad, y su Palabra es verdad (Jn. 17:17), así como su Espíritu (1 Jn. 5:7) lo es, es imposible estar en comunión con Dios si cultivamos la mentira. Satanás tentó a Ananías y Safira a mentirle a Dios y a la iglesia, y Dios les juzgó con severidad (Hch. 5:1-11). Tengamos en cuenta que su pecado no radicó en que se guardaran una parte del dinero. Su pecado consistió en hacer pensar a los demás que eran muy espirituales, ¡cuando en realidad eran unos hipócritas!

El infierno está dispuesto para el diablo y sus ángeles (Mt. 25:41) . . . ¡y para todos los embusteros!

> *Pero los cobardes e incrédulos, los abominables y homicidas, los fornicarios y hechiceros, los idólatras* y *todos los mentirosos tendrán su parte en el lago que arde con fuego y azufre, que es la muerte segunda.* Ap. 21:8

Apocalipsis 22:15 aún lo dice más claro, cuando describe a las personas mentirosas como “todo aquel que ama y hace mentira”. En otras palabras, no se trata de la persona que miente alguna vez, porque incluso los mejores cristianos pueden caer en ese error (por ejemplo, Abraham); se trata de la persona que se enamora de la mentira, cuya vida se caracteriza por el engaño. Esta persona se parece tanto a Satanás que debe acabar donde acabará él: en el infierno.

(2) *La ira* (v. 26). ¡Satanás puede enfurecerse!

> *¡Ay de los moradores de la tierra y del mar! porque el diablo ha descendido a vosotros con gran*

> *ira, sabiendo que tiene poco tiempo . . . Entonces el dragón* [Satanás] *se llenó de ira contra la mujer; y se fue a hacer guerra contra el resto de la descendencia de ella, los que guardan los mandamientos de Dios y tienen el testimonio de Jesucristo.* Ap. 12:12, 17

Este hecho sugiere que la ira en nuestro corazón le ofrece a Satanás un punto de apoyo en nuestra vida. Y del mismo modo que la mentira y el asesinato van juntos, lo mismo sucede con la ira.

> *Oísteis que fue dicho a los antiguos: No matarás; y cualquiera que matare será culpable de juicio. Pero yo os digo que cualquiera que se enoje contra su hermano, será culpable de juicio; y cualquiera que diga: Necio* ["raca", un término arameo que significa "cabeza hueca"], *a su hermano, será culpable ante el concilio; y cualquiera que le diga: Fatuo, quedará expuesto al infierno de fuego.* Mt. 5:21-22

No cabe ninguna duda de que existe una ira justa. Dios expresa su ira frente al pecado (Sal. 7:11). Jesucristo manifestó una ira justa cuando expulsó a los vendedores religiosos del templo (Mt. 21:12-16), y cuando condenó a los fariseos hipócritas (Mt. 23). No basta con amar el bien, sino que también debemos aborrecer el mal.

> *Los que amáis a Jehová, aborreced el mal . . .* Sal. 97:10

El temor de Jehová es aborrecer el mal . . .
Pr. 8:13

Aborreced lo malo, seguid lo bueno. Ro. 12:9

Sin embargo, como seres humanos nos resulta difícil cultivar y ejercitar una ira verdaderamente *justa*. Nuestra naturaleza pecaminosa tiene formas de corromper nuestras emociones, de manera que a menudo hacen más mal que bien. Aristóteles ya lo expresó muy bien hace muchos siglos: "Todo el mundo puede airarse; eso es fácil. Pero estar airado con la persona correcta, en el grado justo, en el momento adecuado, con el propósito preciso y de la forma más justificada . . . eso ya no es tan fácil".

La ira pecaminosa siempre conduce a nuevos pecados. Por lo general, cuando estamos enfadados, decimos cosas por las que después tenemos que lamentarnos mucho. Y solemos tomar decisiones que resultan ser perjudiciales para nosotros y para los demás. Satanás sabe esto, de manera que nos empuja a cultivar la ira pecaminosa.

(3) *El hurto* (v. 28). Satanás es un ladrón.
El ladrón no viene sino para hurtar y matar y destruir; yo he venido para que tengan vida, y para que la tengan en abundancia. Jn. 10:10

La experiencia de dos endemoniados en el país de los gadarenos es un ejemplo vívido de cómo Satanás roba a sus siervos (Mt. 2:28-34; Mr. 5:1-20). Satanás arrebató a aquellos hombres su cordura, su libertad, sus hogares (¡vivían en el cementerio!), su alegría, su trabajo productivo en la vida, sus reputaciones, su salud (se cortaban con las piedras). Y Satanás les hubiera robado sus vidas *y sus almas* de no haber sido liberados por Jesucristo.

Los empleados que "toman prestadas" cosas de las oficinas están invitando a Satanás a establecer la cabeza de playa en sus vidas. ¡La persona que es capaz de robar un lápiz de escaso valor tiene la potencialidad para robar un libro, más caro, o una nómina de muchísimo dinero!

> *El que es fiel en lo muy poco, también en lo más es fiel; y el que en lo muy poco es injusto, también en lo más es injusto.* Lc. 16:10

Notemos el tiempo en que están los verbos: es injusto, no "será" injusto.

No hay necesidad de hacer una lista de las diversas maneras en que podemos robar e intentar luego exculparnos. Todo hombre conoce su propio corazón. Algunas personas roban tiempo, otras roban a Dios mediante ofrendas desleales (Mal. 3:8ss.), y aun hay otras que retienen el dinero que pertenece a otros (Stg. 5:1-6).

Es interesante precisar el motivo que ofrece Pablo para que el creyente trabaje y no robe: ¡para que pueda dar a otros! Lo que nos ayuda a gobernar nuestra vida es nuestra relación con los demás, y no solo el temor al juicio divino, "porque somos miembros los unos de los otros" (v. 25).

(4) *El lenguaje sucio* (v. 29). Pablo repite su advertencia en el siguiente capítulo.

> *. . . ni palabras deshonestas, ni necedades, ni truhanerías, que no convienen, sino antes bien acciones de gracias.* Ef. 5:4

Lo que está prohibiendo no es un buen sentido del humor, sano y santo; la capacidad de reír es una característica de la madurez y el discernimiento. Un misionero importante me comentó una vez: "Jamás enviaré a un misionero al mundo si no tiene sentido del humor". Lo que Pablo condena es el humor negro, el humor sucio. Ese es un tipo de lenguaje que degrada a la persona, y Dios quiere que nuestro lenguaje sea "bueno para edificación". Dado que lo que decimos sale de nuestro corazón, el lenguaje y el humor impuros son indicio de una imaginación retorcida. No es necesario que una persona lea novelas eróticas ni vea películas pornográficas para tener una imaginación calenturienta. Si Satanás consigue hacernos *pensar* en el pecado, y luego *hablar* de él, lo tendrá más fácil para hacernos *practicar* ese pecado. Cuando hablamos libremente de cosas impuras, pulimos los filos de nuestra convicción; nos acostumbramos a ellas, y pronto nuestras barreras están por los suelos.

(5) *Un espíritu que no perdona* (vv. 30-32). El creyente que alberga la amargura y la malicia en su corazón ¡le está concediendo a Satanás uno de sus puntos de apoyo más eficientes! Estas actitudes (junto con las otras mencionadas) obstaculizan la obra del Espíritu en nuestra vida, lo cual nos arrebata el poder que necesitamos para detectar y derrotar al diablo. La vieja naturaleza se deleita en producir este tipo de veneno.

El único remedio es el perdón. Si alguien le ofende, perdónele de corazón. Jesús señala, en Mateo 18:15-17, unos sencillos pasos que hay que dar y nos advierte que nos reconciliemos lo antes posible (Mt. 5:23-26). Cuanto más tiempo alberguemos un espíritu no perdonador, más territorio podrá ganar Satanás en nuestra vida. Desde mi experiencia pastoral, he visto hogares, clases de escuela dominical e iglesias enteras debilitadas y (en algunos casos) destruidas por cristianos que no se perdonaban mutuamente. Incluso si la otra parte implicada no le perdona, perdónele. No puede forzar a nadie a perdonarle, pero lo que sí puede asegurar es que Satanás sea derrotado en su propia vida.

(6) *La murmuración* (v. 31; 1 Ti. 3:11; Ti. 2:3). Pablo ordena que las esposas de los diáconos y las mujeres más ancianas de la iglesia no se dediquen a "la murmuración maliciosa"; esta palabra en griego es *diabolos*, que se traduce como "diablo". (La palabra "diablo" significa "alguien que insulta, un acusador".) Cuando los creyentes critican e insultan, están haciendo el trabajo del diablo, ¡y ofreciéndole puntos de apoyo para obras adicionales! El mandamiento de Dios es "No hablarás contra tu prójimo falso testimonio" (Éx. 20:16). Entre las seis cosas que el Señor aborrece se encuentra "el testigo falso que habla mentiras" (Pr. 6:19).

> *Martillo y cuchillo y saeta aguda es el hombre que habla contra su prójimo falso testimonio.*
> Pr. 25:18

El insulto puede dañar a una persona de cerca, como lo hace un martillo, o de más lejos, como la espada, e incluso desde mucho más lejos, como una flecha. Pero, sea cual sea la distancia, el daño es letal.

Muchos de los grandes y santos varones de la Biblia padecieron por la murmuración y el falso testimonio, incluyendo a José, David, Jeremías, Pablo e incluso nuestro Señor Jesús. Muchos de los grandes y santos líderes de la Iglesia, a lo largo de su historia, fueron insultados por sus enemigos. Es una experiencia dolorosa para un cristiano comprometido ver y escuchar cómo critican su nombre y su ministerio, sobre todo cuando esas críticas provienen de presuntos creyentes que afirman hacer el trabajo del Señor al exponer los pecados de sus santos. ¡Cómo se debe regocijar Satanás cuando ve cómo los cristianos, en sus libros, se insultan mutuamente!

La Palabra de Dios nos dice cómo tratar los pecados de los santos.

> *Hermanos, si alguno fuere sorprendido en alguna falta, vosotros que sois espirituales, restauradle con espíritu de mansedumbre, considerándote a ti mismo, no sea que tú también seas tentado.* Gá. 6:1

> *Y ante todo, tened entre vosotros ferviente amor; porque el amor cubrirá multitud de pecados.* 1 P. 4:8

> *El odio despierta rencillas; pero el amor cubrirá todas las faltas.* Pr. 10:12

Esto no quiere decir que el amor *ignore* el pecado, o que lo *permita que siga adelante*. Lo único que significa es que el amor por los hermanos nos impide exponer su pecado a los ojos del mundo y de los cristianos más débiles; nos evita aprovecharnos de las faltas de nuestros hermanos para parecer mejores. Una sabio pastor me aconsejó hace años "No laves tus trapos sucios en público", y he comprobado que es un buen consejo. También he descubierto lo sabio que es no creerme todo lo que oigo o leo sobre mis compañeros cristianos, hasta que haya prueba de ello.

> *Por boca de dos o tres testigos se decidirá todo asunto.* 2 Co. 13:1 (véase también Dt. 17:6 y 19:15.)

Satanás es quien murmura y acusa a los hermanos (Ap. 12:10). Cuando usted y yo murmuramos contra los hermanos en lugar de orar y procurar cubrir ese pecado con amor, trabajamos para el diablo. ¡No debería sorprendernos si consigue hacer mella en nuestra vida y utilizar nuestras armas contra nosotros!

Cualquier pecado que abriguemos en nuestra vida, que sepamos que está ahí y sin embargo rehusemos admitir y confesar, concederá a Satanás una cabeza de puente para ataques ulteriores. Sé por experiencia propia que esto incluye los objetos materiales que están claramente relacionados con el satanismo y lo oculto. Ningún cristiano tiene derecho a poseer tales objetos, porque le conceden a Satanás el punto de apoyo que busca. Cuando los cristianos efesios quemaron sus libros de brujería (Hch. 19:18-20), estaban dando un paso gigantesco para derrotar a Satanás.

Por último, no debemos considerar jamás el pecado o cualquier objeto cuestionable como "algo sin importancia". ¡Nada es "poco importante" si Satanás puede utilizarlo contra usted! Recuerdo una vez que tuve que aconsejar a una estudiante cristiana que estaba obsesionada por la comida. Estaba arruinando su salud y sus estudios, y su angustia aún complicaba más el problema. Le pregunté si tenía algún objeto en su posesión que tuviera algo que ver con lo oculto. Me confesó que sí, y le pedí que se deshiciera de él con urgencia, confesara su pecado al Señor e hiciera suya la victoria de Cristo sobre los demonios que estuvieran usando aquel objeto como vía de acceso. Lo hizo, y el Señor le concedió una maravillosa victoria. Los pastores que se hayan enfrentado a los poderes del ocultismo podrían repetir infinidad de estas historias.

CAPÍTULO SIETE

CUANDO SATANÁS VA A LA IGLESIA

Algunas personas se sienten muy sorprendidas cuando descubren que Satanás también va a la iglesia. De hecho, por medio de sus legiones demoníacas, ¡en realidad *dirige* algunas iglesias! Nuestro Señor expulsó demonios *de la sinagoga*, y Pablo escribió a *creyentes* para advertirles sobre Satanás y sus estratagemas. No hay nadie, fuera de la iglesia local, que pueda obstaculizar de verdad el ministerio de la Iglesia, y esto es por lo que Satanás quiere infiltrarse en ella, como hizo con Ananías y Safira (Hch. 5).

¿Dónde hay más posibilidades de que se encuentre a Satanás en la iglesia?

Comencemos por *el púlpito*. Ya hemos descubierto que Satanás tiene a "sus ministros" que "se disfrazan como ministros de justicia" (2 Co. 11:15). El mero hecho de que un predicador sea un cristiano practicante, una persona con buena moral y un graduado de un seminario no quiere decir que sea verdaderamente salvo, o que sea un siervo de Jesucristo. Saulo de Tarso pensaba, en realidad, que estaba haciendo la voluntad de Dios cuando perseguía a la iglesia; como sabemos, lo cierto es que estaba haciendo la obra del diablo.

Por supuesto, Satanás también tiene agentes en *los bancos de la iglesia*. Existen los "falsos hermanos" (2 Co. 11:26), así como los "falsos apóstoles" (2 Co. 11:13). La parábola de las malas hierbas enseña que Satanás también tiene "hijos", y que los siembra en aquellos lugares en que Dios siembra verdaderos creyentes. Es más fácil convertirse en un miembro de una iglesia local que acceder a un club social o a una orden secreta. Hubo una época en la que los posibles miembros pasaban por entrevistas exhaustivas que tenían que ver con sus experiencias espirituales; pero hoy en día muchas iglesias se contentan con una "profesión de fe" y con rellenar los documentos necesarios. ¿Y qué sucede cuando estos "hijos del diablo" se convierten en personas con responsabilidad dentro de la iglesia? ¿Acaso sorprende que las iglesias se aparten de la fe y comiencen a creer en "doctrinas de demonios" (1 Ti. 4:1)?

Satanás puede estar presente *en la adoración*. Considero que éste es el ministerio más importante de la iglesia. Todo lo que haga la iglesia local debería nacer de la adoración. Sin embargo, en muchas iglesias locales, a la congregación no se le enseña el significado y la importancia de la adoración. Puede que el pastor critique el "formalismo" de alguna iglesia litúrgica calle arriba y, al mismo tiempo, "fotocopie" exactamente el mismo programa religioso cada domingo por la mañana o por la tarde. *Cada* iglesia tiene una liturgia, una forma de adoración, un orden de los servicios. Puede ser buena o mala. Pablo advirtió a la iglesia en Corinto que su falta de orden podría hacer que los inconversos ¡creyeran que los miembros de la iglesia estaban locos!

Si, pues, toda la iglesia se reúne en un solo lugar,

y todos hablan en lenguas, y entran indoctos o incrédulos, ¿no dirán que estáis locos? 1 Co. 14:23

. . . pues Dios no es Dios de confusión, sino de paz. Como en todas las iglesias de los santos . . . 1 Co. 14:33

. . . pero hágase todo decentemente y con orden. 1 Co. 14:40

La adoración cristiana debe estar relacionada con la Palabra de Dios y con el Espíritu de Dios. La Palabra de Dios es el ancla, y el Espíritu es el timón. Dios no nos está ofreciendo nuevas revelaciones; fundamentamos nuestra adoración en las verdades reveladas en la Palabra de Dios. Pero Dios da nuevas expresiones a verdades antiguas, y aquí es donde entra en juego el ministerio del Espíritu Santo, para guiarnos. Debe existir equilibrio y también discernimiento.

No apaguéis al Espíritu. No menospreciéis las profecías. Examinadlo todo; retened lo bueno. 1 Ts. 5:19-21

A los líderes espirituales de la iglesia local les toca planificar cuidadosamente las reuniones públicas de la misma. Aquellos que pertenecemos a una tradición independiente puede que critiquemos a las iglesias litúrgicas, pero debemos admitir que su liturgia a menudo denota belleza, contenido y equilibrio. Es cierto que Satanás puede usar el formalismo muerto para apagar una iglesia, pero también puede usar el fanatismo incontrolado.

Los cristianos también deben prevenirse contra la idolatría en la adoración.

> *¿Qué digo, pues? ¿Que el ídolo es algo, o que sea algo lo que se sacrifica a los ídolos? Antes digo que lo que los gentiles sacrifican, a los demonios lo sacrifican, y no a Dios; y no quiero que vosotros os hagáis partícipes con los demonios.*
> 1 Co. 10:19-20

Tenemos tendencia a usar esta etiqueta con "los paganos" que viven en los puntos más oscuros de este mundo, pero también se aplica a la iglesia urbana de moda, tanto como a la sencilla iglesia rural. El llamamiento que hace Pablo a la separación en 2 Corintios 6:14–7:1 destaca la incompatibilidad entre Cristo y Satanás.

> *No os unáis en yugo desigual con los incrédulos; porque ¿qué compañerismo tiene la justicia con la injusticia? ¿Y qué comunión la luz con las tinieblas? ¿Y qué concordia Cristo con Belial? ¿O qué parte el creyente con el incrédulo? ¿Y qué acuerdo hay entre el templo de Dios y los ídolos? Porque vosotros sois el templo del Dios viviente, como Dios dijo: Habitaré y andaré entre ellos, y seré su Dios, y ellos serán mi pueblo. Por lo cual, Salid de en medio de ellos, y apartaos, dice el Señor. Y no toquéis lo inmundo; y yo os recibiré. Y seré para vosotros por Padre, y vosotros me seréis hijos e hijas, dice el Señor Todopoderoso. Así que, amados, puesto que tenemos tales promesas, limpiémonos*

de toda contaminación de carne y de espíritu, perfeccionando la santidad en el temor de Dios.

Los creyentes corintios eran invitados a asistir a festivales paganos, y a comer carne sacrificada a los ídolos. Pablo les recordó que el ídolo no era nada en sí mismo, pero que podía ser utilizado por los demonios para crear problemas de índole espiritual. Entre el pueblo de Dios existe una verdadera ecumenicidad espiritual (Jn. 17:20-23); pero también existe una falsa comunión que intenta conciliar a Cristo con Belial. Debemos estar prevenidos contra esa tendencia.

Satanás puede estar obrando ¡incluso *por medio de las ofrendas*! La experiencia de Ananías y Safira nos viene a la mente en este punto (Hch. 5). También recuerdo la advertencia de nuestro Señor, de que cuando demos no hagamos tocar las trompetas (Mt. 6:1-4).

¿Y qué hay con *las canciones*? Un profesor de seminario me dijo una vez que "¡la música es el arsenal de la iglesia!" Una vez más, debemos depender del Espíritu de Dios y de la Palabra divina.

> *No os embriaguéis con vino, en lo cual hay disolución; antes bien sed llenos del Espíritu, hablando entre vosotros con salmos, con himnos y cánticos espirituales, cantando y alabando al Señor en vuestros corazones.* Ef. 5:18-19

> *La palabra de Cristo more en abundancia en vosotros, enseñándoos y exhortándoos unos a otros en toda sabiduría, cantando con gracia en vuestros corazones al Señor con salmos e himnos y cánticos espirituales.* Col. 3:16

Es triste ver cómo la adoración congregacional "en el Espíritu" se convierte en un grupo de espectadores que contemplan un espectáculo religioso en el escenario de alguna iglesia. Incluso resulta más penoso ver que a veces ese "entretenimiento" incluye una música que no es bíblica. *¡Un cantante tiene tan poco derecho a cantar una mentira como el que tiene un predicador para predicarla!* Satanás puede abrirse camino en una iglesia a base de mentiras por medio de un himno, igual que a través de un predicador liberal, ¡y a menudo *con más facilidad*! La música juega con las emociones, mientras que la predicación afecta primariamente al intelecto y a la voluntad. No hay nada malo con las emociones suscitadas por la alabanza, siempre que sean sentimientos *auténticos* y no superficiales, y siempre que den como resultado una voluntad sometida que obedezca a la voluntad del Señor.

En mi ministerio como conferenciante, de vez en cuando he tenido que predicar después de una "intervención musical" que estaba tan alejada de las Escrituras que casi la podían haber sacado de la guía de teléfonos. No es fácil predicar la Palabra de Dios después de una canción que la distorsiona o la refuta. ¡Ay! Incluso algunas de las canciones e himnos favoritos de las iglesias incluyen frases o estrofas que no son bíblicas, y personalmente creo que deberíamos evitarlas o cambiarlas.

Satanás a menudo se deja caer también por *las reuniones administrativas* de la iglesia. Existe una sabiduría que viene de lo alto, ¡pero también otra que viene de muy abajo!

> *¿Quién es sabio y entendido entre vosotros? Muestre por la buena conducta sus obras en sabia mansedumbre. Pero si tenéis celos amargos y contención en vuestro corazón, no os jactéis, ni mintáis contra la verdad; porque esta sabiduría no es la*

> *que desciende de lo alto, sino terrenal, animal, diabólica. Porque donde hay celos y contención, allí hay perturbación y toda obra perversa. Pero la sabiduría que es de lo alto es primeramente pura, después pacífica, amable, benigna, llena de misericordia y de buenos frutos, sin incertidumbre ni hipocresía. Y el fruto de justicia se siembra en paz para aquellos que hacen la paz.* Stg. 3:13-18

"Terrenal, animal, diabólica": el mundo, la carne, el diablo. Este tipo de sabiduría suele infectar las vidas, o las organizaciones y, antes de poco tiempo, Satanás tiene el control. He tomado parte en muchas reuniones de organización, reuniones de comités y de juntas de diversos tipos; y me temo que la sabiduría de Satanás ha salido a relucir con frecuencia en muchas reuniones, ¡sin que muchos de sus participantes se dieran cuenta! Y debo confesar, para mi vergüenza, que a veces yo también he sido culpable de este error.

Satanás intenta conducir a los cristianos para que extiendan su sabiduría destructiva. ¡Incluso utilizó a Pedro!

> *Desde entonces comenzó Jesús a declarar a sus discípulos que le era necesario ir a Jerusalén y padecer mucho de los ancianos, de los principales sacerdotes y de los escribas; y ser muerto, y resucitar al tercer día. Entonces Pedro, tomándolo aparte, comenzó a reconvenirle, diciendo: Señor, ten compasión de ti; en ninguna manera esto te acontezca. Pero él, volviéndose, dijo a Pedro: ¡Quítate de delante de mí, Satanás!; me eres tropiezo, porque no pones la mira en las cosas de Dios, sino en las de los hombres.* Mt. 16:21-23

Los legalistas que hicieron sus discursos en el concilio eclesiástico de Hechos 15 hubieran argumentado que habían orado respecto a ese asunto, y que estaban manifestando los pensamientos de Dios. Sin embargo, se equivocaban de medio a medio.

Otra de las áreas por las que Satanás se infiltra en la organización de la iglesia es por medio de la selección de *líderes*, incluyendo a los pastores. Me sorprende qué pocas son las iglesias locales que siguen de cerca las instrucciones que se nos ofrecen en 1 Timoteo 3 y en Tito 1. Pocos de los comités de selección de pastores investigan a fondo el testimonio que tiene el candidato con las personas fuera de la iglesia, o procuran descubrir si es una persona honrada e íntegra a nivel económico. Son demasiadas las iglesias que colocan a cristianos en lugares de máxima responsabilidad, en lugar de darles la oportunidad de madurar en áreas de ministerio más reducidas.

> *. . . no un neófito, no sea que envaneciéndose caiga en la condenación del diablo.* 1 Ti. 3:6

¿Por qué hay tantas iglesias que tienen que enfrentarse a un "obstruccionista santificado" que controla todo y tiene que salirse siempre con la suya? (¡Ay! ¡A veces es el propio pastor!) Una de las principales armas de Satanás es el orgullo espiritual. Le encantó atrapar a un Diótrefes: "al cual le gusta tener el primer lugar entre ellos" (3 Jn.. 9) y usarlo para debilitar el testimonio y, si fuera posible, hundir la iglesia. *En la iglesia local la veteranía no es un grado.* El hecho de que un miembro lleve muchos años en comunión con una iglesia no es garantía de su sabiduría espiritual. A pesar de su inmadurez, muchas veces los recién convertidos ven las necesidades y las oportunidades más rápidamente que los santos más veteranos.

Por último, Satanás intenta obrar en la iglesia por medio de *un espíritu no perdonador*. Ya hemos visto esto en el capítulo anterior, pero es tan importante que deseo recalcarlo. ¡Bienaventurada la iglesia cuyos miembros tienen buena memoria para las bendiciones divinas y mala para los pecados humanos! ¡Qué cantidad de cosas sin importancia mantienen a unos santos alejados de otros! Una mujer muy enfadada me dijo que no pensaba volver a la iglesia ¡porque no prediqué un sermón del Día de la Madre! Otro señor dejó de asistir porque cambiamos el orden del culto y dejamos de iniciarlo con una doxología. Una de los miembros "puso mala cara" durante semanas porque un anuncio que deseaba decir en la congregación no se incluyó, por error, en el boletín informativo. ¿Nos sorprende que los pastores dimitan? ¿Nos sorprende que la maquinaria de la iglesia chirríe y salga de ella muy poco "producto espiritual"?

¿Cuál es la solución? Que todos los miembros de la iglesia, y los líderes espirituales sobre todo, aprendan a detectar y a derrotar a Satanás. Debemos practicar el "seguir la verdad en amor" (Ef. 4:15). Debemos perdonarnos unos a otros, y aprender a usar la sabiduría que viene de lo alto. Cada vez que veamos una división, debemos depender del Señor para que nos conceda la unidad espiritual. Si esta unidad no llega, debemos descubrir quiénes son las personas a las que Satanás está utilizando para obstaculizar el trabajo, tratándolas con firmeza pero también con amor. Sé personalmente lo difícil que resulta esto, ¡pero también conozco las bendiciones y el gozo que se derraman cuando Satanás ha sido expulsado!

> *Echa fuera al escarnecedor, y saldrá la contienda,*
> *y cesará el pleito y la afrenta.* Pr. 22:10

CAPÍTULO OCHO

EL EQUIPO PARA LA GUERRA

Al nuevo creyente le resulta muy duro asimilar que la vida cristiana sea un campo de batalla en lugar de un parque de atracciones. Cuando me dedicaba al ministerio pastoral, siempre podía discernir cuándo empezaba a madurar un nuevo cristiano: cuando empezaba a luchar sus batallas. Esta era una buena señal, porque, como solía decir Spurgeon: "¡Satanás nunca espolea a un caballo muerto!"

Si usted desea vencer en la batalla, debe conocer al enemigo, poseer el poder y el equipo necesario para atacarle, y también disfrutar de protección. En los cuatro primeros capítulos de este libro nos hemos encontrado con el enemigo, y hemos aprendido las estrategias que utiliza contra nosotros. Nuestro poder es el Espíritu Santo, y hemos descubierto cuál es el equipo espiritual del que nos ha dotado Dios para atacar al diablo. Ahora nos resta considerar la "armadura espiritual" que Dios nos ofrece. Se describe en Efesios 6:10-18.

> *Por lo demás, hermanos míos, fortaleceos en el señor, y en el poder de su fuerza. Vestíos de toda la armadura de Dios, para que podáis estar firmes*

contra las asechanzas del diablo. Porque no tenemos lucha contra sangre y carne, sino contra principados, contra potestades, contra los gobernadores de las tinieblas de este siglo, contra huestes espirituales de maldad en las regiones celestes. Por tanto, tomad toda la armadura de Dios, para que podáis resistir en el día malo, y habiendo acabado todo, estar firmes. Estad, pues, firmes, ceñidos vuestros lomos con la verdad, y vestidos con la coraza de justicia, y calzados los pies con el apresto del evangelio de la paz. Sobre todo, tomad el escudo de la fe, con que podáis apagar todos los dardos de fuego del maligno. Y tomad el yelmo de la salvación, y la espada del Espíritu, que es la palabra de Dios; orando en todo tiempo con toda oración y súplica en el Espíritu, y velando en ello con toda perseverancia y súplica por todos los santos.

Pablo destaca el hecho de que es necesario disponer de una armadura completa para derrotar a Satanás. Éste atacará con toda seguridad el área de nuestra vida que dejemos desprotegida. El 17 de octubre de 1586, Sir Philip Sidney murió en la Batalla de Zutfén, por no llevar puesta toda la armadura. Vio que Sir William Pelham no llevaba protección en una pierna, de modo que se quitó la suya y se la cedió. Recibió un espadazo en esa pierna y murió a consecuencia de la herida. Nunca podré recalcar lo suficiente la importancia que tiene la protección *completa*.

Consideremos las diversas partes del equipo del soldado cristiano, aprendiendo luego cómo vestirnos con él y utilizarlo.

(1) *El cinto de la verdad.* Dado que Satanás es un embustero,

debemos enfrentarnos a él con la verdad de Dios. En algunos países orientales, las personas llevaban cintos para sujetar sus túnicas amplias, manteniéndolas así cerradas. Y es la verdad divina la que debe hacer que todo lo que hay en nuestra vida esté sujeto. Como cristianos, debemos amar la verdad y vivirla.

> *No tengo yo mayor gozo que este, el oír que mis hijos andan en la verdad.* 3 Jn. 4

La cintura es el lugar donde se origina el movimiento, la movilidad y la dirección. ¡Un soldado con la cadera fracturada no serviría de mucho! A menos que sea la verdad lo que nos motiva y nos dirige, seremos derrotados por el enemigo. Si permitimos que cualquier engaño entre en nuestra vida, debilitaremos nuestra posición, y no podremos obtener la victoria en la batalla.

El cinto de la verdad no es un arma ofensiva, sino una protección. Cuando un creyente tiene en su vida lo que yo llamo "una actitud verdadera", ésta le protege de los ataques de Satanás. No *evita* esos ataques, pero consigue que no dañen al creyente.

(2) *La coraza de justicia.* Esta pieza de la armadura cubría la parte delantera del cuerpo del soldado, que iba desde el cuello a la parte superior de los muslos. Protegía los órganos vitales. Creo que aquí Pablo se refiere a la justicia de Cristo, que recibimos cuando confiamos en Él.

> *Al que no conoció pecado, por nosotros lo hizo pecado, para que nosotros fuésemos hechos justicia de Dios en él.* 2 Co. 5:21

Satanás es el acusador, y nos ataca recordándonos nuestros pecados. Es por medio de la fe en Cristo como se nos imputa su justicia, que entonces nos defiende. Es importante que distingamos entre la justicia *imputada* y la *impartida*. Cuando un pecador pone su fe en Cristo y nace de nuevo, la propia justicia de Cristo se pone a su favor, algo que jamás cambiará. Cuando el creyente camina junto al Señor y se somete al Espíritu, se le imparte la justicia de Cristo, a quien se va pareciendo más y más.

> *. . . y vestíos del nuevo hombre, creado según Dios en la justicia y santidad de la verdad.* Ef. 4:24

Todo creyente debería conocer el significado del término "justificación". Se trata del acto divino, derivado de su gracia, por medio del cual declara que el pecador que ha creído es justo gracias a los méritos de Jesucristo. La justificación nunca cambia. Una vez Dios nos ha declarado justos, nuestra condición frente a Él queda decidida por toda la eternidad. Sin embargo, nuestro estado cotidiano (nuestra forma de seguir sus caminos) es un asunto distinto. Esto va cambiando a medida que nos sometemos al Espíritu y obedecemos la Palabra.

Vale la pena darse cuenta de que la coraza protege el corazón, lo que sugiere que nuestros sentimientos deben estar protegidos por la justicia de Cristo. Dado que *sabemos* que hemos sido aceptados por Dios y somos justos en Jesucristo, no tenemos que temer o preocuparnos cuando Satanás nos bombardee con acusaciones. A menudo Satanás usará a su pueblo (incluyendo a cristianos) para insultarnos y acusarnos, y sentiremos la tentación de contraatacar. Pero no podemos permitir que esos "dardos de fuego" atraviesen la coraza y lleguen a los órganos vitales. Descanse en la obra consumada de Cristo; dése cuenta de que es "acepto en el Amado" (Ef. 1:6), y sepa que la justicia de Dios, que le ha sido imputada, jamás se revocará.

(3) *El calzado de la paz.* Los soldados romanos llevaban sandalias reforzadas con hierro, para disfrutar de una buena estabilidad y movilidad. El hecho de cómo se sostenga usted en pie determina en gran manera el modo en que luchará. Si un luchador pierde el equilibrio puede perder la batalla. El cristiano que dispone de una buena base tendrá confianza cuando se enfrente al enemigo. También será capaz de responder a los diversos ataques de Satanás, si éste decide cambiar su estrategia.

Estamos firmes gracias al evangelio. Sabemos que

> *Cristo murió por nuestros pecados, conforme a las Escrituras; y que fue sepultado, y que resucitó al tercer día, conforme a las Escrituras, y que apareció . . .* 1 Co. 15:3-5

Es esta victoria de Cristo la que nos concede un punto de apoyo seguro y sólido mientras luchamos contra el diablo. ¡Andemos lo que andemos, siempre pisaremos el terreno de la victoria!

> *Justificados, pues, por la fe, tenemos paz para con Dios por medio de nuestro Señor Jesucristo; por quien también tenemos entrada por la fe a esta gracia en la cual estamos firmes, y nos gloriamos en la esperanza de la gloria de Dios.* Ro. 5:1-2

La palabra "apresto" (v. 15) significa "equipo, disposición". Quiere decir que el creyente está preparado para los ataques del diablo. Está a pie firme, por lo que es capaz de luchar. Su Salvador ya ha obtenido la victoria, y Él se afirma en ella.

Por paradójico que pueda parecer, el soldado cristiano propaga la paz, no la guerra. Lucha contra Satanás para que se haga la paz. Satanás es la causa del pecado, el desasosiego y la división en este mundo. El soldado cristiano fomenta la paz al oponerse a él. El mensaje del evangelio es uno de paz, pero por lo que respecta a Satanás es una declaración de guerra.

(4) *El escudo de la fe*. El escudo romano tenía unas dimensiones de sesenta centímetros de ancho por un metro veinte de alto, y estaba hecho de madera cubierta de cuero y metal. Servía como un muro móvil tras el cual podían esconderse los soldados, protegiéndose de las flechas ardientes que les lanzaba el enemigo. La fe que usted tiene en Cristo es la que apaga esas saetas de fuego. Y participará de su victoria en la medida en que confíe en Él.

¿Qué son esos "dardos de fuego" que Satanás nos lanza? Yo los interpreto como pensamientos de uno u otro tipo: dudas, temores, preocupaciones, etc. A veces he meditado en oración la Palabra cuando, de repente, me invadía la mente un pensamiento terrible. Por supuesto, Satanás desea que creamos que somos *nosotros* los que tenemos la culpa, porque pensar de esa manera nos desalentaría en nuestro camino cristiano. ¡Pero *él* es quien tiene la culpa! ¡Incluso he sentido que me lanzaba dardos de fuego mientras he estado predicando la Palabra! Si no apagamos esos dardos, harán que arda todo lo que toquen, y entonces lo que deberemos apagar será un verdadero incendio destructivo.

He descubierto que *confiando en las promesas de Dios* y aferrándome a su Palabra, se pueden apagar esos dardos ardientes. ¡Qué importante es que el soldado cristiano conozca la doctrina bíblica! (Esto explica por qué el soldado cristiano se describe en el capítulo 6 de Efesios. Pablo dedica los tres primeros capítulos a exponer una doctrina básica, y los dos siguientes a la vida cristiana más elemental.) No podremos apagar las flechas mediante la fe en nosotros mismos (ni siquiera en nuestras victorias pasadas), la fe en la fe o la fe en algún credo. No, necesitamos fe en Cristo y en su Palabra. No podemos impedir que Satanás lance flechas, pero podemos evitar que éstas provoquen un incendio. Un gran santo (¿fue Martín Lutero, quizás?) dijo una vez: "No puedo impedir que los gorriones vuelen por encima de mi cabeza, ¡pero sí que hagan un nido en ella!"

Lo más importante es *sofocar esos dardos inmediatamente*. Es decir, buscar instantáneamente a Cristo, por fe, recordar alguna promesa de la Palabra y creerla. De otro modo el fuego comenzará a propagarse, y si le añadimos leña escapará a nuestro control. Nuestros sentimientos crecerán y se agitarán, y antes de nada será Satanás quien tenga el control.

Recuerdo situaciones en las que las flechas de fuego me hicieron sentirme impaciente, y estuve a punto de decir y hacer cosas de las que más tarde me habría arrepentido. Me volví al Señor por fe, y le rogué que me concediera la paciencia que necesitaba. Y sentí una sensación de control y de tranquilidad que apagó los dardos ardientes. Las veces en las que *no* he acudido a Él con fe, me he quemado, como le ha sucedido a otras personas.

(5) *El yelmo de la salvación*. No cabe duda de que debemos relacionar esta imagen con 1 Tesalonicenses 5:8:

. . . y con la esperanza de salvación como yelmo.

Creo que Pablo se está refiriendo aquí a la esperanza que tiene el creyente en el regreso de Jesucristo. Satanás a menudo utiliza el desánimo y la desesperanza como armas contra nosotros. Cuando nos sentimos desanimados es cuando somos más vulnerables. Tomaremos decisiones estúpidas, y seremos susceptibles a todo tipo de tentaciones. Cuando la mente está protegida por la "bendita esperanza" del regreso del Señor, Satanás no puede utilizar el desánimo para atacarnos y derrotarnos.

La desesperanza es un arma letal en manos del enemigo. Moisés y Elías se sintieron tan deprimidos que pidieron al Señor que los matara. Los salmos registran algunas situaciones en las que David "estaba hundido", y solo podía confiar en Dios.

> *¿Por qué te abates, oh alma mía, y por qué te turbas dentro de mí? Espera en Dios; porque aún he de alabarle, salvación mía y Dios mío.* Sal. 43:5

Cuando nuestra mente y nuestra forma de ver la vida se centran en el retorno de Cristo, esto nos protege contra el despero y el desánimo que siempre llegan a la vida de los creyentes comprometidos. Cuando Pablo estaba en su última cárcel, enfrentándose a una muerte cierta, olvidado por muchos de los creyentes en Roma, se animaba con la siguiente esperanza:

> *Por lo demás, me está guardada la corona de justicia, la cual me dará el Señor, juez justo, en aquel día; y no solo a mí, sino también a todos los que aman su venida.* 2 Ti. 4:8

(6) *La espada del Espíritu.* Esta es un arma *ofensiva*; el resto de los componentes de la armadura son *piezas de defensa.*

> *Porque la palabra de Dios es viva y eficaz, y más cortante que toda espada de dos filos; y penetra hasta partir el alma y el espíritu, las coyunturas y los tuétanos, y discierne los pensamientos y las intenciones del corazón.* He. 4:12

La espada espiritual de la Palabra de Dios es diferente a cualquier espada física que pueda blandir el hombre. Una espada material se mella con el uso, pero la Palabra de Dios siempre está afilada. Una espada material se blande mediante el esfuerzo físico, pero la espada espiritual tiene poder en sí misma. ¡Y el Espíritu de Dios nos capacita para usar esta Palabra de Dios con eficacia! Nuestro Señor utilizó la espada del Espíritu cuando se enfrentó a Satanás, derrotándolo, en las tentaciones del desierto. "Está escrito . . .", le dijo, y le citó el Antiguo Testamento. Martín Lutero conocía bien esta lección, sobre la que se basó para escribir su gran himno "Castillo fuerte es nuestro Dios".

> Aunque estén demonios mil
> prontos a devorarnos,
> no temeremos, porque Dios
> sabrá aun prosperarnos.
> Que muestre su vigor
> Satán, y su furor,
> dañarnos no podrá;
> pues condenado es ya
> por la Palabra santa.

Ya he hablado del uso que hemos de hacer de la Palabra de Dios en el capítulo uno, y puede que le interese repasar esa sección.

Vistiéndonos la armadura. Todo lo que hemos visto no pasa de ser un simple simbolismo cristiano a menos que sepamos cómo ponernos la armadura; y la respuesta la encontramos en Efesios 6:18. Esta es una traducción literal del versículo.

> *. . . por medio de toda oración y súplica por vuestras necesidades, orando en todo tiempo, en el Espíritu, y manteniéndoos alerta con toda perseverancia . . .*

George Duffield captó esta verdad en su canción tan conocida: "Luchad, luchad por Jesús".

¡Luchad, luchad por Jesús!
Resistid en su fortaleza;
los esfuerzos humanos caerán,

No nos sirve del hombre la fuerza.
Vistamos la armadura de Dios,
la oración sujeta sus piezas;
donde llame peligro o deber,
nuestra vida, presente, no tema.

Nos vestimos con esa armadura por medio de la oración, y oramos por medio del Espíritu Santo.

Mi propia experiencia me ha enseñado que el mejor momento para ponerse la armadura espiritual es el tiempo devocional de la mañana. Después de haberle entregado a

Dios mi cuerpo, mi mente y mi voluntad (véase sección 4 del capítulo Tres), le pido al Espíritu Santo que me llene; y entonces, *por fe*, me coloco las piezas de la armadura. A veces oro según estas líneas:

"Padre, te doy las gracias por la provisión que me ofreces, la victoria sobre Satanás. Ahora, por fe, me ciño el cinto de la verdad. Que mi vida, a lo largo de este día, esté motivada por la verdad. Ayúdame a conservar la integridad. Por fe, me coloco la coraza de la justicia. Que mi corazón ame lo justo y aborrezca el pecado. Gracias por la justicia de Cristo, que me fue imputada gracias a su cruz. Por fe, me pongo el calzado de la paz. Ayúdame a mantenerme firme en la victoria de Cristo en el día de hoy. Ayúdame a ser pacificador, a no dar pie a conflicto alguno. Por fe, aferro el escudo de la fe. Deseo confiar en ti y en tu Palabra, sin añadir combustible a los dardos flamígeros de Satanás. Gracias porque puedo acudir al combate sin temor. Por fe, me coloco el yelmo de la salvación. Ayúdame a recordar que Cristo volverá. Ayúdame a vivir en tiempo futuro. Protege mi mente del desánimo y el desespero. Por fe, tomo la espada del Espíritu. Ayúdame en este día a recordar tu Palabra, y a usarla. Padre, por fe me he vestido con esta armadura. Que este día sea un día de victoria".

Esta no es una oración rutinaria, y no la he incluido en este libro para que nadie la memorice y la repita. Más bien lo he hecho para darle una idea de cómo nos ponemos por fe las piezas de la armadura, mediante la oración. Pero este es un asunto privado entre usted y el Señor. No puedo decirle *cómo* orar, ¡pero sí puedo afirmar que más vale que ore!

Pablo describe el tipo de oración que debemos tener. Es una oración *perseverante*: "orando en todo tiempo". No basta con murmurar unas cuantas palabras piadosas al principio del día. Ese tipo de oración jamás derrotará a Satanás.

> *También les refirió Jesús una parábola sobre la necesidad de orar siempre, y no desmayar.* Lc. 18:1

> *Orad sin cesar.* 1 Ts. 5:17

Esto no quiere decir que nos pasemos el día musitando oraciones por lo bajo. Quiere decir que debemos estar en una actitud constante de oración y de confianza; dicho de otra manera, que el auricular siempre esté descolgado.

También es una oración *equilibrada*: "toda oración". ¿Qué significa esto?

> *Por nada estéis afanosos, sino sean conocidas vuestras peticiones delante de Dios en toda oración y ruego, con acción de gracias.* Fil. 4:6

"Toda oración y ruego" implica alabanza, adoración, confesión de pecados, súplica, acción de gracias. Si lo único que hacemos es pedir cosas, nos perderemos la verdadera bendición de la oración equilibrada. La oración que solo consiste en pedir puede ser bastante egoísta. Para derrotar a Satanás necesitamos "toda oración".

También es una oración *capacitada por el Espíritu*. Debemos orar "en el Espíritu". Esto quiere decir que el Espíritu nos debe revelar sobre *qué* debemos orar, y que es Él quien debe capacitarnos para seguir orando. *La verdadera oración no es fácil.* Si oramos basándonos en la energía de la carne, Dios no responderá. Pronto cederemos, y Satanás obtendrá la victoria.

Por último, es una oración *vigilante*. "Estad alerta". Ningún soldado se puede permitir cerrar los ojos ante el enemigo.

(Por cierto, la postura de oración que consiste en cerrar los ojos, inclinar la cabeza y juntar las manos no aparece en las Escrituras. Los judíos oraban con los ojos abiertos, mirando al cielo y con las manos alzadas delante de Dios.) "Velad y orad", fue la repetida advertencia del Señor a sus discípulos (Mr. 13:33, 14:38). ¡Esté alerta frente a las cosas que hace el diablo, o le atacará mientras ora!

D. L. Moody no animaba a su líder de alabanza, Ira Sankey, a usar ese himno tan conocido: "Firmes y adelante". Moody pensaba que no reflejaba una experiencia real. Decía que "la iglesia es un mal ejército". En realidad sí que lo somos, porque no usamos el equipo que Dios nos da. ¡Dios nos ordena que estemos firmes, que rechacemos al enemigo! ¡Y además nos capacita para hacerlo!

Pongámonos la armadura del evangelio,
cuyas piezas se ciñen mediante la oración.

CAPÍTULO NUEVE

EL EJÉRCITO DE SATANÁS

Dado que Satanás es un ser creado, no es semejante a Dios, porque no sabe todas las cosas, no tiene un poder ilimitado ni está en todas partes a la vez. (Los teólogos denominan a estas cualidades divinas omnisciencia, omnipotencia y omnipresencia.) Satanás parece ser omnipresente porque tiene un ejército demoníaco que le ayuda en su lucha. Solo existe un diablo, pero muchos demonios. Hay una serie de hechos básicos sobre los demonios que usted necesita saber.

Su origen

Los escépticos intentan convencernos de que no existen unos seres como los demonios, que toda esta idea no pasa de ser un remanente de los mitos y supersticiones antiguas. Pero si aceptamos la autoridad de la Biblia, debemos creer en la existencia de los demonios. El Señor Jesús creía en los poderes demoníacos, y a menudo libraba de su poder a las personas indefensas. Jesús enseñaba que había un enemigo final llamado Satanás, que gobernaba sobre un reino de seres malignos. Dado que Jesús vino a "dar testimonio de la verdad"

(Jn. 18:37), debemos creer que lo que dijo era cierto, y no una mera adaptación a las supersticiones del pueblo.

Parece probable que los demonios sean los ángeles que se rebelaron con Lucifer y se unieron a él en su caída (Is. 14:12-15; Ap. 12:3-4). En Mt. 25:41, Jesús hablaba del "diablo y sus ángeles". La Biblia no enseña en ningún momento que los demonios sean los espíritus de los muertos malvados que vuelven a la tierra, ni que sean los espíritus de alguna raza preadámica.

La descripción que se hace de los demonios encaja, qué duda cabe, con lo que sabemos sobre el carácter de Satanás. Los demonios son "*espíritus inmundos*" (Mt. 10:1). Conducen a las personas a la podredumbre moral. Ciertamente, el tremendo aumento de la pornografía y la adoración del sexo se debe a la actividad de los demonios. Se les llama *espíritus perversos* (Mt. 12:45). Al parecer, entre los demonios existen grados de maldad. No es difícil creer que los demonios estén detrás de las maldades que el ser humano comete hoy día. También se les llama *espíritus malignos*. Este término, *maligno*, según el léxico griego, tiene una connotación de "bajo, indigno, malintencionado, degenerado". A Satanás mismo se le llama "el malo" (Mt. 13:19). Si desea usted saber hasta qué profundidades pueden hacer caer estos demonios a un ser humano, lea el pasaje sobre los dos endemoniados en Marcos 5:1-20.

Es interesante darnos cuenta de que los demonios tienen fe en Dios.

> *Tú crees que Dios es uno; bien haces. También los demonios creen, y tiemblan.* Stg. 2:19

La fe demoníaca es, definitivamente, ¡menos que la fe salvadora! Los demonios creen que Jesucristo es el Hijo de Dios (Lc. 8:28), y que existe un juicio futuro que les espera (Lc. 8:31). Siempre sentían miedo cuando Jesús o uno de sus siervos aparecía en escena.

Su organización

Satanás es un destructor, un personaje divisorio, en lo que respecta a la iglesia; pero, dentro de su propio reino, está muy bien organizado. Por favor, no se quede con la idea de que hoy día Satanás reina en el infierno y que todos sus agentes provienen del oscuro abismo. Satanás es "el príncipe de la potestad del aire" (Ef. 2:2), y "merodea como león rugiente" por la tierra (1 P. 5:8; ver Job 1:7). Su ejército siempre está ocupado, ayudándole en la batalla contra Dios y contra su pueblo.

Los fariseos llamaban a Satanás "el príncipe de los demonios" (Mt. 12:24). Pablo describe la jerarquía de su reino en Efesios 6:12.

> *Porque no tenemos lucha contra sangre y carne, sino contra principados, contra potestades, contra los gobernadores de las tinieblas de este siglo, contra huestes espirituales de maldad en las regiones celestes.*

Esta es la imagen de un reino organizado, un ejército bien adiestrado.

Daniel 10:13 indica que Satanás tiene a unos ángeles específicos asignados a las diversas naciones de la tierra. La respuesta a la oración de Daniel se demoró debido a que el ángel de Dios estaba luchando con "el príncipe del reino de Persia". Ese relato manifiesta la importancia de la oración para cumplir la voluntad de Dios en este mundo, y también la oposición de Satanás cuando el creyente ora.

Satanás y sus huestes están bien organizados. Si los creyentes consiguieran unirse en su defensa y en su combate, Satanás no podría obtener tantas victorias. Por triste que resulte decirlo, los cristianos a menudo estamos demasiado ocupados *luchando unos contra otros*, de manera que no tenemos tiempo para luchar contra el diablo. Como dijo Lord Nelson a dos oficiales que estaban discutiendo: "Señores, solo existe un enemigo, ¡y es el que está fuera!"

Su actividad

Como su señor, los demonios son engañadores y destructores (Jn. 8:44). No todas las enfermedades tienen un origen demoníaco. Jesús ordenó a sus discípulos "sanad enfermos . . . echad fuera demonios . . ." (Mt. 10:8), haciendo una distinción entre ambas cosas. Pero los demonios pueden causar tribulaciones físicas. Pueden hacer que las personas sean *mudas* (Mt. 9:32), *ciegas* (Mt. 12:22) y *paralíticas* (Lc. 13:11). Pueden *atormentar* a las personas (Mt. 15:22), e incluso conducirlas al *suicidio* (Mt. 17:14ss). No cabe duda de que algunas de las aflicciones de la enfermedad son provocadas por los demonios.

Pero, igual que su señor, los demonios procuran engañar. Son los enseñadores de falsa doctrina (1 Ti. 4:1ss). Son los promotores del ocultismo y de las diversas formas de adivinación (Hch. 16:16-18), y son la fuerza tras la idolatría (1 Co. 10:14-22). Satanás siempre ha deseado que le adoraran, y los demonios conducen a los hombres ignorantes a que satisfagan el deseo de Satanás.

Los demonios utilizan a las personas. Por eso Pablo nos instruye a que no luchemos "contra sangre y carne". Satanás actúa en y a través de las personas que no son salvas (véase Ef. 2:1-3), pero también puede hacerlo en y a través de las que lo son. Recordemos a Pedro (Mt. 16:21-23) y a Ananías y Safira (Hch. 5). El soldado cristiano debe estar alerta en todo momento.

La palabra traducida como "endemoniado" (Mt. 4:24; 8:16, 28, 33; 9:32; 12:22; 15:22) significa, sencillamente: "dominado por un demonio". No conozco ningún pasaje de las Escrituras que hable de la relación entre el demonio y la persona a la que domina. Conocemos los resultados y las causas, pero no los detalles entre ambos planos. Es cierto que los demonios pueden tomar el control de una persona que se entregue a ellos. Si en la vida de una persona existe algo sucio, esto puede ofrecerles un punto de apoyo.

Los demonios, ¿pueden "poseer" a un cristiano? Los teólogos debaten esta cuestión. Me da la sensación de que el problema está en la definición de "poseer". ¿Qué quiere decir estar *endemoniado*? ¿Hasta qué punto llega la *posesión*? He discutido personalmente este punto con conocidos cristianos que se han enfrentado a los demonios en las vidas de creyentes. Uno de mis amigos misioneros ha tenido mucha experiencia en este área. Si la carne puede seguir obrando en un creyente en quien mora el Espíritu, también puede hacerlo el diablo. Quizás las expresiones "influencia" u "obsesión" demoníaca" fueran mejores que "posesión demoníaca".

Sin embargo, esto sí que es cierto: los demonios pueden influenciar y usar, y lo hacen, a personas que son salvas. Si bien no disponemos de ningún precedente en la Biblia para *expulsar* a los demonios de personas creyentes, sí lo tenemos para luchar contra aquellos demonios que intentan *influir* en los cristianos. Efesios 6:10-18 fue escrito para cristianos.

Si los demonios no consiguen atraernos a las perversidades más flagrantes e impuras del pecado, se trasladarán a "terreno más elevado", y sus tentaciones serán más sutiles. Después de todo, Satanás se disfraza como "ángel de luz" (2 Co. 11:14). ¡Utiliza la *religión* para esclavizar a las personas! La moral que no tiene la justicia de Cristo es una de sus mejores armas para atrapar y retener a los perdidos. El borracho, el drogadicto, el ladrón, todos saben que son pecadores; pero el miembro de una iglesia, que se autojustifica, se considera un santo.

Sus resultados

Hay cierto incidente y cierta parábola sobre la vida de Cristo que nos ayuda a responder la pregunta "¿Qué le sucederá a Satanás y a su ejército?"

> *Entonces fue traído a él un endemoniado, ciego y mudo; y le sanó, de tal manera que el ciego y mudo veía y hablaba. Y toda la gente estaba atónita, y decía: ¿Será éste aquel Hijo de David? Mas los fariseos, al oírlo, decían: Este no echa fuera los demonios sino por Beelzebú, príncipe de los demonios. Sabiendo Jesús los pensamientos de ellos, les dijo: Todo reino dividido contra sí mismo, es asolado, y toda ciudad o casa dividida contra sí misma, no permanecerá. Y si Satanás echa fuera a Satanás, contra sí mismo está dividido; ¿cómo,*

pues, permanecerá su reino? Y si yo echo fuera los demonios por Beelzebú, ¿por quién los echan vuestros hijos? Por tanto, ellos serán vuestros jueces. Pero si yo por el Espíritu de Dios echo fuera los demonios, ciertamente ha llegado a vosotros el reino de Dios. Porque ¿cómo puede alguno entrar en la casa del hombre fuerte, y saquear sus bienes, si primero no le ata? Y entonces podrá saquear su casa. Mt. 12:22-29

Cristo invadió el reino de Satanás cuando vino a esta tierra como hombre. Satanás, por supuesto, sabía que venía, e hizo todo lo que pudo por evitarlo. Incluso intentó matar a Jesús cuando hubo nacido. Cuando invadió el territorio de Satanás, Cristo venció también su poder. "El hombre fuerte" se enfrentó ¡con Otro que es más fuerte! Mediante su vida, su muerte y su resurrección, Jesucristo ha superado completamente el poder de Satanás. Ahora reclama los despojos. Rescata a los pecadores del dominio de Satán, ¡y luego utiliza sus vidas transformadas para derrotar a las huestes demoníacas! Como David, que mató a Goliat y luego usó la propia espada del gigante para decapitarlo, Jesucristo derrotó a Satanás y utiliza sus antiguas armas para vencerle. Jesús "llevó cautiva la cautividad" (Ef. 4:8), y todos esos cautivos se convirtieron en soldados del Señor.

Por consiguiente, Satanás es un enemigo derrotado, y él lo sabe. Su programa: "el misterio de la iniquidad", se ve limitado por el Espíritu Santo que obra en y a través de la iglesia (2 Ts. 2:1-12). Cuando la iglesia haya sido arrebatada a los cielos, y Satanás sea expulsado de ellos, se le concederá un breve tiempo sobre la tierra, y destruirá todo lo que pueda (Ap. 12). Pero su destino ya es seguro: él y sus ángeles serán lanzados a un lugar donde arde fuego eterno (Mt. 25:41; Ap. 20:1-3).

El cristiano comprometido, cuando toca el tema de los demonios, debe evitar dos extremos: (1) ver a un demonio detrás de cada árbol; (2) tratar la doctrina sobre los demonios con desdén o indiferencia. La primera actitud conduce a miedos fanáticos, y la segunda a una falsa seguridad. Ambos extremos son peligrosos. Si practica los principios que ofrezco en este libro, comprenderá la forma que tienen de actuar las huestes demoníacas, y será capaz de detectarlas y derrotarlas. Jesús venció a los demonios mediante el Espíritu de Dios (Mt. 12:28), y también nosotros podemos hacerlo.

> *Porque mayor es el que está en vosotros, que el que está en el mundo.* 1 Jn. 4:4

CAPÍTULO DIEZ

SATANÁS Y EL HOGAR

El primer ataque que lanzó Satanás fue contra el hogar. Invadió el Edén, y llevó al primer marido y a su mujer a caer en la desobediencia y el juicio. Satanás sigue atacando el hogar. Esto no quiere decir que todos los hogares rotos sean obra de Satanás, porque a menudo la carne tiene que ver con tales problemas. Si un cristiano se casa fuera de la voluntad de Dios, el enemigo puede entrar en ese hogar cuando le apetezca. Si uno de los dos miembros de la pareja, o los dos, son demasiado inmaduros para las exigencias del matrimonio, Satanás puede encontrar zonas para lanzar ataques sutiles (o no tan sutiles). Si la pareja no obedece a la Biblia, abandonando a padre y madre, sino que permiten que los padres respectivos interfieran en su vida, Satanás lo tendrá muy fácil para atacar ese matrimonio.

Pero existen algunas áreas específicas de ataque que se mencionan en la Biblia, que deben tener en cuenta los cristianos que se casen.

(1) *Satanás enseña una doctrina que prohibe el matrimonio.*

Pero el Espíritu dice claramente que en los postreros tiempos algunos apostatarán de la fe, escuchando a espíritus engañadores y a doctrinas de demonios; por la hipocresía de mentirosos que, teniendo cauterizada la conciencia, prohibirán casarse . . . 1 Ti. 4:1-3

En Mateo 19:12, nuestro Señor deja claro que no todo el mundo tiene por qué casarse. Algunas personas no tienen la posibilidad de hacerlo debido a problemas al nacer, como alguna limitación de índole física. Otras no pueden casarse debido a las responsabilidades que otras personas les han encomendado, y hay otras que no se casan porque así servirán mejor al Señor. (Parece ser que Pablo estaba en esta última categoría.) La soltería es una opción cristiana, pero, para la mayoría de las personas, el matrimonio es la voluntad de Dios. Sin embargo, el enfoque de Satanás es convencer a la persona de que *el matrimonio es pecaminoso.* Quiere hacernos creer que el estado del celibato es más espiritual que el del matrimonio, una idea que es, por supuesto, falsa. Todo ese culto del celibato y la virginidad se basa en esta doctrina. No cabe duda de que hay personas a las que Dios ha llamado a la soltería; se trata de un don divino (1 Co. 7:7). Pero debemos estar seguros de que se trata de la voluntad de Dios, no de un engaño de Satanás. Cualquier enseñanza que afirme que la persona soltera disfrutará de mayores virtudes espirituales y bendiciones que la que se casa, proviene del diablo, no de Dios.

(2) *Satanás intenta invertir el orden de autoridad en el hogar.*

La mujer aprenda en silencio, con toda sujeción. Porque no permito a la mujer enseñar, ni ejercer dominio sobre el hombre, sino estar en silencio.

Porque Adán fue formado primero, después Eva.
1 Ti. 2:11-13

Las casadas estén sujetas a sus propios maridos, como al Señor; porque el marido es cabeza de la mujer, así como Cristo es cabeza de la iglesia, la cual es su cuerpo, y él es su Salvador.
Ef. 5:22-23

La autoridad no implica dictadura. La autoridad es el liderazgo en amor. Cristo es Cabeza de la Iglesia dentro de una relación viva y amorosa; del mismo modo debería comportarse el marido respecto a su mujer. Por favor, tengamos en cuenta que la sujeción de la mujer *no es subyugación.* El hombre y la mujer están hechos del mismo material básico, y son uno en Jesucristo (Gá. 3:28). Satanás estuvo a punto de destruir el primer hogar separando a Eva de su marido, en un momento en que ella necesitaba el liderazgo espiritual de él. Eva obró con independencia de su esposo, llevándole luego a pecar.

Esto no es una sugerencia de que los maridos sean más espirituales que sus esposas. Deberían serlo, dado que deben ser los líderes espirituales del hogar, pero a menudo no lo son. Pero la mujer más sabia es la cristiana entregada que anima a su esposo a escudriñar la voluntad del Señor, y le ayuda a ser un mejor líder espiritual del hogar.

(3) *Satanás desea llevar a maridos y mujeres a la impureza moral.* He leído en alguna parte que un cincuenta por ciento de los matrimonios admiten que uno de los dos miembros ha sido infiel al otro. Por lo general, estos asuntos han sido

experiencias pasajeras, que no se han vuelto a repetir, pero eran portadores de la semilla de infinidad de problemas dentro del hogar. Es por este motivo por el que Pablo escribió lo siguiente:

> *En cuanto a las cosas de que me escribisteis, bueno le sería al hombre no tocar mujer; pero a causa de las fornicaciones, cada uno tenga su propia mujer, y cada una tenga su propio marido. El marido cumpla con la mujer el deber conyugal, y asimismo la mujer con el marido. La mujer no tiene potestad sobre su propio cuerpo, sino el marido; ni tampoco tiene el marido potestad sobre su propio cuerpo, sino la mujer. No os neguéis el uno al otro, a no ser por algún tiempo de mutuo consentimiento, para ocuparos sosegadamente en la oración; y volved a juntaros en uno, para que no os tiente Satanás a causa de vuestra incontinencia.*
> 1 Co. 7:1-5

De este párrafo extraemos algunos principios importantes. Primero, que el sexo, dentro del matrimonio, no es pecado; tiene que existir un mutuo acuerdo que gobierne la vida íntima del matrimonio cristiano. No debemos "usarnos" los unos a los otros de una forma egoísta. En segundo lugar, la abstinencia es válida por motivos espirituales, pero no nos pongamos a tiro de la tentación. Satanás es tan sutil que puede tentar ¡incluso a un cristiano cuando ora! El matrimonio es una forma de contribuir al autocontrol en el campo del sexo.

Desde mi experiencia como pastor, he podido constatar que el marido y la mujer que se respetan mutuamente, y que cumplen con sus deberes conyugales, no se sentirán interesados por otra mujer u otro hombre. Satanás sabe cuándo una pareja casada se está robando mutuamente, y prepara situaciones extramatrimoniales para gratificar los deseos normales del cuerpo. Los esposos y esposas que utilizan el sexo como un arma para luchar en lugar de como una herramienta para edificar, están pidiendo a Satanás que arruine su hogar.

(4) *Hace que la esposa esté demasiado ocupada fuera del hogar.* Según 1 Timoteo 5:9-16, la iglesia primitiva tenía un programa organizado para ayudar a las viudas cristianas. Por supuesto, en aquella época no existían agencias gubernamentales o programas de bienestar social. Pero las viudas tenían que pasar ciertas pruebas antes de que la iglesia las aceptara. Pablo aconseja a las más jóvenes que

> *se casen, críen hijos, gobiernen su casa; que no den al adversario ninguna ocasión de maledicencia. Porque ya algunas se han apartado en pos de Satanás.* 1 Ti. 5:14-15

La esposa cristiana entregada debería hallar en su hogar gozo y plenitud. Las jóvenes cristianas que no estén interesadas en tener hijos, gobernar su casa y cuidar de sus maridos, no deberían casarse. Lo único que conseguirán es que tanto ellas como sus esposos sean desgraciados. Estamos de acuerdo en que en ciertos casos el marido y la mujer se llevan bien sin tener en cuenta esta instrucción bíblica, pero no puedo evitar pensar que se están perdiendo algo en ese tipo de relación.

Sea como fuere, Satanás está ansioso por apartar a la mujer de su casa, y por que tenga excitantes experiencias lejos de su esposo y de su familia. Este tipo de tentación es especialmente peligrosa para la esposa con talento, que dispone de unas capacidades que puede aplicar en el mundo de los negocios. No estoy diciendo que sea malo que una mujer trabaje fuera de casa. Lo que digo es que tanto el marido como la mujer deben estar alerta frente a las tentaciones de Satanás. Cuando *fuera de casa* lo pasamos mejor que *dentro*, podemos estar seguros de que el diablo está obrando para destruir ese matrimonio.

Ser marido o mujer, padre o madre es un asunto serio. Dios considera que el marido es responsable de la espiritualidad de su hogar (lea Ef. 5:18ss). Satanás ataca al marido y padre, intentando que se aparte de la voluntad de Dios. Satanás también ataca a la esposa y madre. Por eso las parejas cristianas deben leer la Palabra y orar, no solo individualmente, sino como familia. Invariablemente, cuando un consejero cristiano se enfrenta a un problema familiar, descubre que los dos miembros han dejado de leer la Biblia y de orar juntos.

Su hogar necesita las mismas defensas espirituales que usted como individuo: la Palabra inspirada por Dios, la gracia divina impartida, el Espíritu de Dios que mora en nosotros, y al Hijo de Dios, el intercesor.

PARA INFORMACIÓN ADICIONAL

Hay muchos libros que consideran el tema de Satanás, los demonios y lo oculto. Algunos de ellos son sensacionalistas, y otros genuinamente bíblicos. Me gustaría recomendarle los siguientes publicados por Editorial Portavoz:

Los ángeles: escogidos y malignos, de C. Fred Dickason. Es el mejor análisis doctrinal sobre este tema que he visto jamás. El Dr. Dickason ha tenido una amplia experiencia en lo relativo a enfrentarse a los demonios. Escribe desde la perspectiva tanto de un teólogo como de un consejero práctico.

El adversario y *Venciendo al adversario*, de Mark I. Bubeck. El pastor Bubeck ha tenido un ministerio muy fuera de lo común a la hora de detectar y derrotar a las fuerzas demoníacas. Estos dos libros son excelentes.

Recuperemos el terreno perdido, de Jim Logan. El autor nos muestra cómo salvar nuestro hogar de los poderes destructivos de Satanás.

Satanás no es mito, de J. Oswald Sanders En este libro se presenta un estudio cuidadoso y profundo de nuestro adversario.

Permítame que le haga una advertencia: *tener "curiosidad" por Satanás y por lo oculto es peligroso.* No juegue con la doctrina. Admita el hecho de que Satanás y sus huestes comenzarán a atacarle en cuanto usted amplíe el conocimiento sobre sus secretos. O bien se compromete a una vida de combate y victoria, o quédese detrás de las barricadas.

Los libros aquí mencionados no lo son por orden de importancia. El hecho de no haber incluido algún título no quiere decir que ese libro no sea digno de lectura; lo único que sucede es que hay muchos para incluirlos a todos.

En este libro, el reconocido pastor y expositor de la Biblia Warren W. Wiersbe lidia bíblicamente con temas que son relevantes para el liderazgo cristiano, incluyendo:

- obediencia
- carácter
- madurez
- capacidad
- autoridad de Dios
- aprovechar las oportunidades
- imágenes bíblicas del liderazgo
- medición de la gestión
- ser un líder en oposición a ser un jefe
- gestión del cambio
- dirección de la organización
- visión

Tanto si usted desempeña posiciones de liderazgo dentro o fuera de la iglesia, como si es un pastor o diácono, encontrará que este libro le cautiva y transforma.

En *Llamados a ser siervos a Dios* el autor nos explica, en su estilo afectuoso y familiar, qué hacer y cómo evaluar lo que estamos haciendo cuando buscamos servir a Dios, un servicio que él llama "la tarea más importante del mundo". Este libro es para todos los siervos de Dios: los pastores, los predicadores y los creyentes en general.

EDITORIAL
PORTAVOZ

NUESTRA VISIÓN

Maximizar el efecto de recursos cristianos de calidad que transforman vidas.

NUESTRA MISIÓN

Desarrollar y distribuir productos de calidad —con integridad y excelencia—, desde una perspectiva bíblica y confiable, que animen a las personas a conocer y servir a Jesucristo.

NUESTROS VALORES

Nuestros valores se encuentran fundamentados en la Biblia, fuente de toda verdad para hoy y para siempre. Nosotros ponemos en práctica estas verdades bíblicas como fundamento para las decisiones, normas y productos de nuestra compañía.

Valoramos la excelencia y la calidad
Valoramos la integridad y la confianza
Valoramos el mérito y la dignidad de los individuos y las relaciones
Valoramos el servicio
Valoramos la administración de los recursos

Para más información acerca de nuestra editorial y los productos que publicamos visite nuestra página en la red: www.portavoz.com